满分作文

有你
有春天

有你有春天

YOU ARE
THE SPRING

九州出版社
JIUZHOUPRESS

图书在版编目（CIP）数据

有你有春天 / 席立娜著 .— 北京：九州出版社，2018.4

ISBN 978-7-5108-6920-4

Ⅰ．①有…　Ⅱ．①席…　Ⅲ．①诗集－中国－当代　Ⅳ．① I227

中国版本图书馆 CIP 数据核字（2018）第 078056 号

有你有春天

作　　者	席立娜　著
出版发行	九州出版社
地　　址	北京市西城区阜外大街甲 35 号（100037）
发行电话	（010）68992190/3/5/6
网　　址	www.jiuzhoupress.com
电子信箱	jiuzhou@jiuzhoupress.com
印　　刷	北京盛彩捷印刷有限公司
开　　本	880 毫米 ×1230 毫米　32 开
印　　张	8
字　　数	100 千字
版　　次	2018 年 5 月第 1 版
印　　次	2019 年 3 月第 2 次印刷
书　　号	ISBN 978-7-5108-6920-4
定　　价	49.00 元

有你有春天

丁酉緑花韡之

張寶瑞題

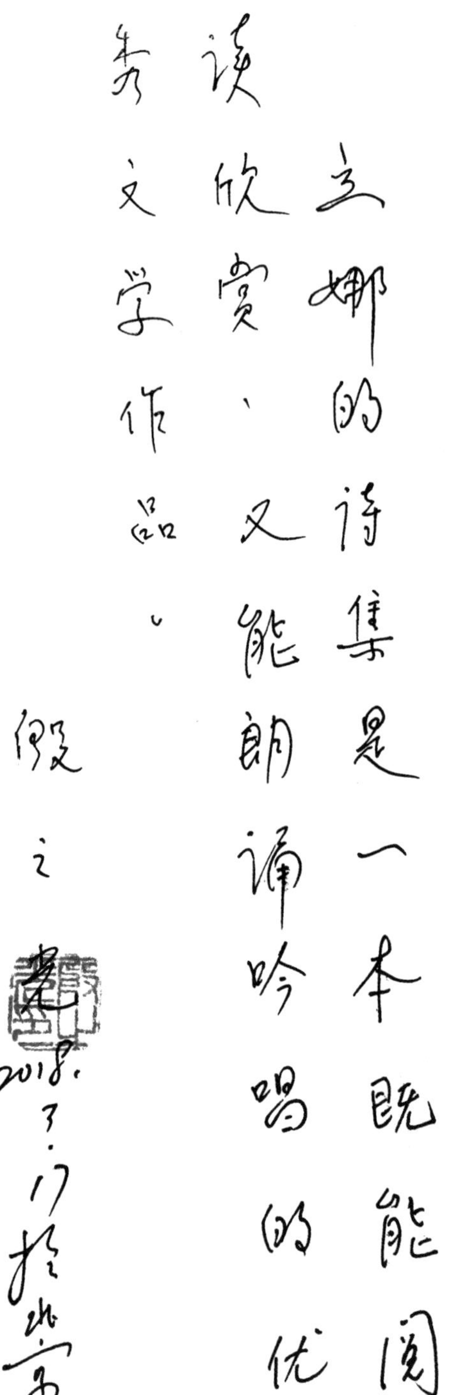
之娜的诗集是一本既能阅
读欣赏、又能朗诵吟唱的优
秀文学作品。
俊之书
2018.3.17于北京

序一：别让你的理想坐在峭壁上

席立娜女士的诗文集出版了，可喜可贺。诗言志中，这些诗歌见证了一个优秀女性的成熟、成长，从这些诗文可以听到她洋溢着青春活力的脚步声，看到她对人生的深刻感悟，以及对美好生活的希冀和渴望。

我认识席立娜已经有4年多了，那时应邀参加她主持的北京昌平区的读书汇。他让我讲一讲我在“文革”期间创作的手抄本小说《一只绣花鞋》背后的故事。她自然大方，洒脱潇洒，她的从容不迫、灵活机智的主持风格给我留下了深刻的印象。以后我才知道，她在业余时间还创作了不少诗歌和散文，几个月前她把上百首诗歌发给我，我认真看后，觉得有许多诗歌很不错，为什么说不错，因为有诗的味道。诗贵意境，小说、戏剧等亦是。什么是意境？意境就是作者通过外观事物所达成的一定情怀。席立娜的诗有意境。譬如她的《春风十里不如你》一诗：“我用青春掩埋了无边的荒芜，只为你，堆在枝头的疲惫和忧伤。我把我的青春种进了你的身体，只为你，能听见梦在天空的飞翔。”在《那张唯美感伤的脸》一诗中：“我鼓励自己，化成和春天一样的绚烂；带上新鲜的呼吸，和那张唯美感伤的脸，捕捉岁月已经遗失的箴言。”当然这种富有诗意和意境的诗句在她的诗中俯拾可见。

席立娜是在北京密云区青山如黛、田园如梦的环境里长大的，那葱茏的山脉，那粼粼逶迤的河水，那无垠的绿油油的田野，甚至那终年沉默坚硬的岩石，都造就了她倔强豪迈的性格，骨子里渗透了对大自然和亲友的挚爱。据我所知，她很小的时候就失去了自己的亲生父亲，父亲慈祥敦厚聪慧的面孔时常在她的眼前浮现；父亲病故以后，她是在贤惠勤劳坚强的母亲的培育下，一步步走到今天的。一个艺术家的成功无非有这么几种因素：一是人品，二是天赋，三是文化底蕴，四是功力，五是机遇，六是推销。人品预示这一个人正能量的储备。天赋是与生俱有的能量，来自祖传的基因和血统。文化底蕴来源于“读书破万卷”和聪颖的悟性。功力来源于兼收并蓄，日积月累，囊萤映雪之功；所谓“天才出于勤奋”，和勤奋有关系。机遇是天机，抓住机遇就是成功的一半。我国三国时期，曹操占天时，挟天子以令诸侯。孙权占地利，江东乃鱼米富庶之乡。刘备占人和，以和为贵，以仁义博爱著称于世。推销自己不是简单的宣传，决不拘泥于“酒香不怕巷子深”，而是不断“毛遂自荐”、“中原亮剑”。席立娜的成功就占了以上许多因素。

我喜欢这部诗集，也希望读者们不枉翻阅。席立娜的创作实践证明了一个真理：不要因为峭壁是高的，而让你的理想坐在峭壁上。

张宝瑞

2017年初冬序于北京秋凉斋

张宝瑞，著名作家、书画家，“文革”手抄本小说《一只绣花鞋》原创作者，曾任新华社北京分社总编辑。

序二：有你有春天

席立娜要出一本诗集，大大出乎我的意料。在我印象中，她可以优秀在很多领域中，唯独没有想到她竟然会开放在诗歌的园林中。

她做主持人，主持读书节目，学习书法，学习曲艺，有模有样，多才多艺这个成语似乎用在她身上特别合适。她好学，勤奋，谦虚，虔诚，所以总能遇到一些行业中优秀的师长收她为徒。据说，还行过拜师大礼。

她是一个很阳光的人。遇到她的人，认识她的人，都会肯定这一点。而她写诗，要出诗集，我不知道是否也一样，众多的人都知晓。至少，我是大吃一惊的。

席立娜的诗歌，清新，亮丽，有阳光的气息。轻快的风格，只是她诗歌中的一个特点。抒情也好，言志也罢，显得很清澈，当然，也有热烈和奔放的一面，只是这热烈和奔放，同样可以划分到这个特点下面。因为这些诗句不晦涩，艰深，在我看来，还特别适合朗诵。宛若阳光，宛若鸟语花香，宛若晨露。

而她有的诗歌，则很关注现实。对于社会现象的关注，对于弱势群体的关注，这不仅是她职业身份的标志，更重要的是，与她的出身、血液、生长环境、阅历有关。她对弱势的群体充满关切之情，因为她也是从基层和那个群体出来的。无论是同情，悲悯，还是为他们呐喊呼吁，都充满真挚的感情。

她是个母亲，也是一个女性，对孩子，对自身的生存状况，都有思考，都有想象。这部分诗歌，有不少诗句是长句子的，像散文诗一样。自由，从容，有时还略带忧伤。但她在表现的时候，无论多么洋洋洒洒，都不会忘记矜持和节制。毕竟，她是一个阳光的人，不太愿意挥发自己灰色的情绪。

读她诗歌的时候，我会想起席慕蓉的诗句，我的耳边还会响起《掌声响起来》的歌声。席立娜的诗歌，给我呈现的是一个立体的形象，是一个有血有肉的丰满的女人的形象。这些诗歌，基本上构成了她的精神世界和情感世界，以及她对社会和人生的思考，甚至还有她隐秘的性别思考。女性意识，自我心灵的呼唤，憧憬，渴望，既柔软又坚硬。这些诗歌甚至比散文和小说更能具象地展示她的世界。

我更愿意相信，这部诗集，是她感恩的心语，她感恩生命，感恩相遇，感恩生命中所遇到的一切美好。她捡拾阳光，羽毛，花朵，鸟语，露珠。她展示的是她生命中的珍藏。愿她的诗歌给人以阳光的温暖和美丽，希望她的人生像她的诗歌一样明亮美好。

安武林

安武林，著名儿童文学作家、独立书评人

自序：我的灵魂是孤独的

像千万人一样，我也经常会想，人究竟是为了什么来到这个世界，又是为什么而活着？我属马，是一匹在初冬的早晨，阳光普照时出生的马。我娘却说：这是一匹吃了一夜马料，吃饱喝足了，该出去干活的马。所以，很多人看到的我，都是热情、奔放的，但我却经常在深夜里写下一行行诗句，隐晦地表达着我的灵魂。

忘了是具体几岁，爱上诗歌。可能是在开始暗恋上自己班主任的那年。我有了将文字分成一行行，写在日记上的习惯。那时，我会把仅有的零钱买《诗刊》，模仿着、读着成人的情爱世界，写自己的少女心。这样写诗的时光，持续到我的学生生涯结束。毕业两年后，因为养父的突然离世，24岁的我，闪婚嫁人生子，然后，把自己活得像一个忘记曾经爱诗写诗的路人。直到有一次，送妹妹去学校报到，无意中，居然看到了自己曾经的老师。他一眼认出我，只问了一句：你现在还写诗吗？我沉默了。然后，从那天开始，我努力地找曾经的自己和与众不同的心。

我上成人学校学中文，写诗歌、写散文、写小说、写剧本，写一切想写的文字。后来，很多报纸、杂志发表了。

应该说，年少的我，讨厌我母亲的人生经历。我两岁的时候，生父去世了，我26岁的母亲，却为了我和弟弟，嫁了一次又一次。她的人生，我不愿讲给任何人听。但随着自己的成长，却突然有了一个惊人的发现：我的母亲，比我幸福。

母亲的人生，有她最最爱的爱情，也就是我的生父。为了他，母亲无论经历什么样的磨难和痛苦，都有那一份从来没有怀疑、从来没有磨灭的爱情支撑着她，带着他们爱的结晶，在这个世间，活着。不要说，女人为母则刚。我觉得，只有唯爱则坚强。

普通又不普通的人生成长经历，让我经常渴望在内心寻找自己，但却经常迷失自己。我承认，从小缺失的父爱之亲，让我有轻度的“恋父”情结，而且，无论在什么样的处境，我都有一丝丝缺乏安全感的不自信。这本诗集，我把我的爱恨、敏感、自卑、迷茫整理了出来，它们就像我的一程程人生，也许你有些读不懂，但它们真实地记录我的几十年。

海明威说：“每一个人都需要有人和他开诚布公地谈心。一个人尽管可以十分英勇，但他也可能十分孤独。”

我的灵魂是孤独的，但是，因为有了诗歌的陪伴，它在寂静的夜空放射，它有它的声音。我感谢诗歌，身体中亿万个细胞都爱它，让我在这个世间不寒冷，还有梦。

我愿自己，永远拥有高傲的心，拥有王者女人的气息，灌满了阳光和温暖，活得比诗里的文字更坚强，也更深情。

席立娜

2017年10月6日夜

目录 · contents

◎爱情篇

◎ 亲情篇

◎ 友情篇

爱情篇

春风十里不如你

我用青春掩埋了无边的荒芜
只为你
堆在枝头的疲惫和忧伤

我把我的春天种进了你的身体
只为你
能听见梦在天空的飞翔

春风十里不如你
你的目光
你的善良
你的馨香

穿越千年
这一次
请把我的欢喜带走吧

一个时代已经结束

从这个凌七乱八的立春开始
我生命里的一个时代已经结束

满眼里都将是绿色和生活
每一个细节我都不放过

我还深爱着这个世界
像自己的灵魂不舍得放弃自己的脉搏

再也不把自己当作别人寂寞时的小甜点
要做一颗自己最爱的棒棒糖

心依旧是透明的
依旧散发着所有人都爱闻的奶油香

一个时代要从每个灰色里站起来
然后也会在阳光的吸引下跑丢

我走在路上数着自己的丰收
我也算计着自己的失去

无论怎样，我都要庆祝
有这样一个时代它已经结束
并且，它真正的——
从我的世界，开始成为
一段不疼不痛不欢不喜的回忆

爱一个人到老

不能自制地
我走不出你的影子
它是一段幸福的时光
它是一座有爱的天堂

那里有红的房子
绿的河水
有走不尽的小路
还有说不够的悄悄话

可是，这一切都凝结了
在无雪的冬天
它们成为点点滴滴
成为心中的故事

余生我要做一件事情
把心藏匿到一个深远的位置
设一个“专用通道”，只为
爱一个人到老

爱

洗了脸，刷了牙。化了妆，穿着新裙子
在约好的火车站接你

你说:看见我的车就开始幸福了
我便踮起脚，用一身的精神说：爱你

往前走的路是快乐的
就像我们期盼的家和小屋

在里面，我会唱你喜欢的情歌
即便跑着调，你也必须说：好听死了

6月22日，爱上一位诗人

所有爱我的人呀
请原谅吧
在6月22日这一天
我爱上一位诗人

似曾错过了青春
又仿佛刚刚走过四季
在一首首诗与歌的韵律间
我的情窦被迷醉

为他深情的底色
为他动人心弦的文字
为他热烈的爱
也为他最痛的忧郁气息

我读着他的智慧
他的寂寞
他身体里可说与不可说的
是是非非纠葛

有盎然的唯美
跳跃的精致
有整个春天与海洋
还有一朵朵挚爱的玫瑰

你说——
只要热爱生命
一切都在意料之中

你说——
我们可以欺瞒别人
却无法欺瞒自己

你说——
没有比脚更长的路
没有比人更高的山

你还说
你却没有说完最后的标点
让爱你的人呀
在4月26日喊出了“怀念”

请原谅我吧，我爱的诗人
因为山高路远
因为我还有那么贪恋
只能这天我把心再次还给了诗缘

注：今天，是当代诗人汪国真六十岁的生日。一年前，他永远地离开了他热爱的土地与现实的世界。我很有幸，今天在中山公园音乐厅观看了他的音乐会。感谢汪妈妈赠送的门票，老人家今天哭了，但是我相信，她的泪水中除了伤心，还有骄傲与温暖。希望我们的读书汇可以邀请他们做客，分享汪国真的诗意人生。

爱你地久天长
——送给“我”

在路上
从来没有这样审视过你
当你在这世间一无所剩时
我一直以为你是我的全部
此刻，你却这般陌生

我对你说
我嫌弃过你的过去
还有你的不堪回忆
直到有一天一颗沉寂的
炸弹
把你炸得粉碎

我才真正开始懂得爱你
亲爱的你
请记住
爱你是一种信仰
爱你需要心灵的强大力量

为你重生的日子
我像夕阳一样熊熊燃烧
放纵着内心的克制和欲望
在来来往往的爱与被爱中
寻着这个世界最初的真

拥抱你的灵魂
希望你能更多的享受
这片星球的温暖与爱恋
珍惜与美丽
无数个“我”爱你地久
天长

一条小鱼的悲伤

一条小鱼
举着双手里的思念
在河水里四处寻找着幸福
却怎么也找不见爱走过来的方向
它悲伤着
在这个皱皱巴巴的春天

它望向河边的女真树
它心里这样默念
如果我们能够一起活过一千年
你还是这样忙碌和沉默吗
你会在各种时间空间里“想我”吗

小鱼仰起了脸
它欣喜地看到了枝丫间传递过来的光
喃喃地对世界说
——
让爱在立春之后发芽吧

八月，总是惹得人心急

这样炽热的天气
八月，总是惹得人心急
就像还差一天就过年的孩子
等着鞭炮
等着穿上新衣服去讨压岁钱

葡萄在藤上都快羞红了脸
嘴馋的人还偷偷摸着它的手
怎么那样滑，那样香
但味觉里还是甜中带着酸
让牙齿痛得不得了

麦子在地头摇啊摇
晃着饱满的珠粒等着回家的男人
她想他，宽厚结实的身体
回来就会将它们压倒在地埂上
麦子笑啊，它就喜欢这样

八月的早上很凉爽
睡觉的人都觉得最舒服
梦中都是回到家里的情景
有你的奔跑，我的好
还有热得像火一样的幸福

比路边的鲜花开得还让人感动

——《唐山大地震》有感

当房屋的顶峰被地动山摇破坏时
你是否，是我唯一舍命去救的亲密爱人

当楼房间的幸福瞬息灰飞烟灭时
你是否，是我终生难已舍弃的殷红血缘

只是黑色与白色的相阻相隔相断
生命便以不同的形式在岁月的停顿中开幕

牵连着的手虽敲打着不同的旅途
共同的身体感应，让我们一次次不期相逢

生长，长大，成熟，成为一颗爱
比路边的鲜花开得还让人感动

把自己永远丢在梦里

我喜欢在我半梦半醒之间
听到你的问候

我喜欢空气里飘飘洒洒着
你扑向我的清风

我喜欢我伸出双手拥抱你
你也满心欢喜

突然
我醒了
却还在拼命地想你

如果可以
我选择
把自己永远丢在梦里

窗外的风铃响叮当

窗外的风铃　响叮当
是谁的春光把它敲醒

窗外的风铃　响叮当
是谁的巧手为她画了出嫁的花妆

窗外的风铃　响叮当
我站在你曾经的门前流浪

窗外的风铃　为我响叮当
带着你落下的吉他
我坐在月光里
轻轻歌唱

春天

在清扬的瑶池边
看到了一颗风情万千的种子
招着手，抹着发梢
微微得吐着有点发黄
又有些发绿的淡淡嫩芽

我不顾害羞
不顾风寒和枝头的阻挠
亲吻了她
你来了，春天
我盼望了一个整整午餐

虽然时间很短
脚步和韵律有点混乱
岁月在这个冬天
仿佛剪去了一些枝节
在这个睡梦的日子
我依然对你期盼
不朽的
可爱的
绿色的
春天

春天是女人永远的情书

春天
是女人永远的情书
一年一次的来临
一年一次的悸动

春天
是女人裙带上的碎花
嫩红着，像初恋般芳香
翠绿着，似相爱时荡漾

春天正在开放
它带来大地的欢歌
是这般地震撼
又是这样地愉悦

这就是我的春天的记忆
你想起来了吗
我的爱
我永远的挚爱——

从此要将你忘记

我是一只寂寞的蝴蝶
你是一块苍凉的雕像
那些属于我们的晴朗天空
在第一百次分别后
碎成了永恒

人一生中会经历许多爱
但千万别让它成为一种伤害
有一种缘
在我们见面的那一瞬间
命运就已注定

从此要将你忘记
忘记这片土地的痴情
再也不用什么言语解释了
这一刻绝望的悲伤
桎梏着我的心房

从此要将你忘记
忘记青春的挣扎和迷茫
忘记路途上的悲伤
在我坚硬的文字里
把你深情地埋葬

带一只蚊子去远行

带点什么东西才好呢
在悬挂着落日与黄昏的门前
你问我

带一只蚊子吧
它懂得你的幸福
也懂得你的痛苦

静悄悄的路上
一场与一只蚊子的疯狂爱恋
在繁花似锦的梦中上演

没有人知道
蚊子的世界里
一片叶子就是一片天空

但蚊子知道了
正在渐渐消瘦的记忆
像春天的寓言般奄奄一息

蚊子坐在车中
用尽最后一丝力气
等待着绚烂的云霞和夜晚

那一刻，它终于相信
拥抱和再见
也许就在一瞬间

当我穿着花裙子奔跑时

春天，草儿悄悄萌动时
我盼望着满天飞舞的落叶

夏天，花儿开放的正娇嫩时
我幻想着皑皑白雪的日子

当我穿着花裙子奔跑时
我忘记了自己被北风吹痛的影子

当我望着自己累累硕果时
我不知道自己是否曾经记得
在冰冻的大地中
爱的种子是如何发了芽

等你

今天的午后阳光，是热烈的
在这种喧嚣的空气里
在来来往往的杂乱中
我选择
选择坐在一扇落地的玻璃窗后
等你

距离你出现的时间还有一小时零五分
我用我的牙咬了我的唇
拧紧了滑过的无聊
写诗，读诗
想象着生命
出现一场从未经历的生死爱情

多情的水仙花

是因为这儿的树叶——嫩绿
你才把我这般的依恋
温柔的眼光
爱抚着每一茎青草

是因为这儿的露水——甘甜
你才把笑脸开得灿烂
还带了一串
湿漉漉的珍珠项链

是因为这儿的阳光——清纯
你才出落得洒脱自然
在大树之间
像一方天鹅绒般的地毯

是因为这儿的晚风——轻柔
你才似水滴般娇艳
流动的潺潺清泉
如月亮般的新鲜

是因为多情
才将歌声引惹了过来
驾着一道月光
我寻找着在人间的失恋水仙

多想有一个港湾

多想有一个港湾
也可以让我的人生停泊片刻
多想有一个港湾
也可以让我疲惫的身体稍稍停顿
多想有一个港湾
也可以让我体会万家灯火的温情
多想有一个港湾
也可以让我像初春的太阳那般幸福
多想有一个港湾
也可以让我轻轻地泛着船划着木桨
多想有一个港湾
也可以让我看到你的碧波流淌
多想有一个港湾
也可以让我自由且无拘束的追求
多想有一个港湾
多想，多想，多想，多想，多想

分割线

那是一条弯弯浅浅的河
我站在岸的对面
看着另外一个戴着红花的我
和我爱的你在一起

我们的倒影映在水里
我以为那时
我热烈地爱着你，而你
也正好热烈地爱着我

我们在一起时
圣洁的灵魂也会谈笑风生
不在一起时
我便恨每一段静谧的夜空

我愿折一段我繁华的青春
立一块坚硬的忠诚丰碑
不写“伤心”
也不刻上“后悔”

甘心情愿地做一回岁月的俘虏
挥霍你唤醒我的最重最深的爱情
用你留下的寂寞和忧伤
编织一张永远不会断线的渔网

再用一把记忆的分割线
装进想你的云朵和春天
一块块用力地拼凑迷醉了很久长的自己
只为遇见你喊我的名字

黑夜是一个健美的男人

夜色很美
让我不止一次地幻想
黑夜是一个健美的男人
他有力而温暖地拥我入睡

我喜欢黑夜
我爱他，因为他总是安静地陪我
用他那柔情的手
包裹我的每一寸紧张的肌肤

只有在这样黑黑的夜空下
我才能睡得甜美
甚至不断地重复做着
似水一样罗曼蒂克的爱情梦幻

红缘

一场二〇一一年的雨
唤醒了相约九十年的红色邂逅
在滑落水滴的紫丁香下
我们轻抚柔软的花瓣
静思，更迭不断的回首与前行
朦胧中，你牵引着我年轻而迷乱的心

花开的颜色是我们的暗语
一滴水坠落在玲珑妩媚的六月天空
迥然飘扬的时代风景
讴歌着你走在路上的踌躇热情
你睿智的对话和挥手
让初升的太阳划开幸福万里的光芒

微风中，我握住你布满老茧的双手
测量到苦难磨砺出来的镰刀和斧头是烫的
这一刻，我似乎懂得
在喧哗绽放的季节，你的悄然寂寞
恍若间，我们曾相隔了好远
从此，我将以木棉树的形象出现在你身边

多么幽蓝啊，我静静守望的港湾
岁月没有彼岸，我用生命守护你到永远
你是我的依靠和爱恋
我的船只为你，再续情缘
起航崭新的不变的航线
一场雨，释放了爱的堤坝，它决口了

灰太狼的情人

深情的夜
在这座冰凉潮湿闷热的城市里
无声地登场了

狼狈的灰太狼的情人
却睡在那样一段不愿醒来的梦中
只为有他的那程淡淡风景

或许这夜的寂静
才能记录千里之外的一个地方
有寻不回来的熟悉和陌生

如果幸福在离别中就这样散场
那么就在今夜
还是把你忘了吧

我要把你的笑做成剪影
贴在每一朵无名野花盛开的夏日
狠心地罚你也罚自己

罚我们错过明年的春天
也错过岁月的牵挂与追恋
在时光的老去里忍受一个人的思念

静静地绽放在他的心坎上

许多年前，
一个悠悠的雨巷，
忧愁的人儿在彷徨，
他寂零地撑着油纸伞，
等待着心爱的姑娘，
不语的油纸伞啊，
静静地绽放在他的心坎上。

几许年后，
我跪在开满丁香花的路上，
渴望爱人的目光，
将所有的鲜花怒放，
为了爱情——
我愿化作一把油纸伞，
陪她走过那条幽幽的雨巷……

开在春天里的花事

在溪水边
浅唱的男孩
你的脸，那么地羞红
如我当年的爱情
淡淡地美

那一年
阳光明媚的春天
每一朵野花都开满了
风儿，那么软
吹动着两颗漂泊的心

好像寻求了很久
才在这里
看到灵魂的家
两只影子盘旋着飞翔
歌唱，感伤

夕阳把青春的影子拉长
夜色，掉到山的那边
开在春天里的花事
随着蒲公英
去了远方

刻了你的名字

倘若经历过爱情折磨的人
都会知道思念的滋味
那漫长的痛楚陪伴着自己
慢慢化作平静的生活
最后，便忘了

最亲爱的
我刻了你的名字
像曾写下的热烈诗句一样
放进我生命里的记忆和心底

人生的岔路口
你忘了再来寻我
我也不愿再去追你
但谢谢
曾伴我的那些一寸一寸的爱意

我要收拾好我的情绪
不再因悲伤而醉
不再困惑成长
会更温柔，也会更珍惜
一路回忆，一路继续

亮色

窗外，还笼罩着鹅黄的焦灼
和残冬的浮躁
一只裹挟着春天来了的翅膀
点燃了我的眼睛
虽然它飘来的声音纤弱
但那却是春
从天际走过来的娇俏
悠悠地飘荡着吉祥
我——
那孤寂了一整个冬天的心田
在流逝的风景里
作了又一次地奔腾突发
似汪洋的海冲断堤坝
这抹翠绿的亮色
带着我走向锦簇的春天
我便多情地像春雨般软软绵绵
凝固了久远的爱河
也因它的到来而喧哗而清澈

零下六度

在同一座城市里
我们都在经历着零下六度的空气

当我一个人孤单地游荡在寒冷的街区
却发现——
你依然是我撤不回的记忆
和不愿忘记的涟漪

岁月在我们的身边永恒地缓缓流淌
只有时钟能将时光一片片切碎

最亲爱的人
我们再也不能回到过去的快乐与幸福了
因为——
在零度之前早已成为了彼此生命的过客

“今天，好冷”
一个人匆匆从我身边轻声喊着路过
“我要回家了”
我在心底对着早已走丢的自己轻语

六月初来

六月初来
只带着一丝清幽
就走入了沁满花香的夏天

在还未醒来的春梦中
我爱上了一棵
河对面直爽爽的白杨树

茂盛的枝叶叮咚作响
我的心如一汪流淌的清泉
狂热地低吟浅唱

我喜欢白杨的宁静与淡然
它的绿色凝结着
我对这一整夏季的热恋

每个人都是太阳

天空还是泛白色
我的梦中
便有了你的影子
如朝霞的光芒
照耀着我

眼中噙满泪水时
我的世界
便有了你的声音
如午后阳光的温暖
静谧绽放

每个人都是太阳
每个人心中都有渴望
多么希望
有人写一首情诗
送给我

每个人命中都有一道坎儿

亲爱的
如果有一天我离开了你
那一定不是不爱了
而是我在守着我的善良时
突然长大和成熟了
在我的世界
理解了生命中有两个词汇
叫“尊重与珍惜”

亲爱的
请让我们坚定地相信
每个生命都应该是阳光
它能照耀别人
也能把自己照亮
当我们只拥一颗激烈
却又脆弱的灵魂时
请放走那些忧虑痛苦和折磨
让我们的生命活在自己的节奏
并被温柔以待

亲爱的
我曾听说过这样一句话
在这个世界上
大多数人都是带着未演奏的乐曲
走进了坟墓
他们爱的花园一片荒芜
我感谢我曾遇到的那些伟大森林
让我的诗歌
每一句都是发自最真的内心

亲爱的
每个人命中都有一道坎儿
它就像溺爱的烟火
什么时候
你与它做了最后的道别
我们才会真正地知道
悠长的岁月里
天堂的奥秘
还有那无休无止的时间
与春夏秋冬的流淌

秘密

你在我身边时
我就把你当成我的世界

多想
我把最真的爱
换算成一段
想和所有人分享的秘密
放在
闪闪发光的夕阳里

看眉目传情
听心潮悸动

那时
生命中
就只剩下一道风景
我们的呼吸
还有
我对你说
你对我说
我只喜欢你

喜欢
是一种讲不清的温暖
是一程藏在文字间的眷恋

我会小心翼翼地珍藏着
在种植了大片向日葵的春天里
枕着你的明媚
读两个字
“勿忘”

墓

是什么搅动了我的眼泪
在寒风中
悼念那不知飘向何方的孤魂儿

留与存是人世间的缘与份
逃走了的爱情
请不要将往事再回首

那几片新生略带羞愧的草叶
随着我颤抖的心跳舞
就让已经荒芜的墓地变成墓吧

那儿有份失恋在黑暗之中渐渐消融

是夏日，火焰一样的舌头舔着
我们共同垂落下来的心潮
穿透街道与屋子的缝隙
在一棵百年榕树上刻出耀眼的光斑

光斑像一声老人细长的叹息
游走在向下滑动的夜晚
触碰到一个被人遗忘的墙壁对面
那儿有份失恋在黑暗之中渐渐消融

迷失于一个纠缠的森林枝节
寻找，竭尽全力地找寻
迷津道路上普照我的北斗七星
漫长的夏日却永远无止无境

我的情感大厦倾覆的那一刻
阵阵烟灰像久久不愿飘过的云朵
忏悔爱情如一张揉皱了的便条
只能记录人生的无奈和难以言说的寂寥

那张唯美感伤的脸

当你轻轻闯入我的睡眠
那张唯美感伤的脸
安静地趴在我的右手边
像一盏灯
干干净净地亮着

我在荒凉空旷的路上
迷失了自己
那张唯美感伤的脸
像一抹诗的底色
温和地倾诉花的童年

那张唯美感伤的脸
躲在梦与季节的黑天
有时落寞
有时怀念
有时遇见

我鼓励自己
化成和春天一样的绚烂
带上新鲜的呼吸
和那张唯美感伤的脸
捕捉岁月已经遗失的箴言

呢喃

因为喜欢
才会化作窃窃私语
我愿意漂泊在这样的剪影里
对你，缠缠绵绵

花开蕴含着一种力量
角落的怒放
将爱放在那静静的绿意中
亲吻，呢喃

目送七孔桥的日落
诵吟这世上最美的风景
悄悄酝酿
一首浪漫激昂的生命之旅

在某个风光明媚的清晨
我虔诚地祈望
遇见第一朵花开的声音
收藏我们的故事

你不再是我的英雄了

在那个曾经张扬的夏季
我们一个是春天
一个是秋天

在我曾经烂漫的青春里
装进了一个特别的你
还有一程踉踉跄跄的委屈

我曾经太过用力地爱了你
所以，现在
还要用大力气把你忘记

荒芜的青春总要有个故事
把寂寞熬干
然后，让明天依旧继续

你不再是我的英雄了
从此以后我的影子陪我
我是我的情人

花开花落人来人去
最终的结局
不过都是一场留不住的相遇

深呼吸，不要眼泪
要用玫瑰花的葬礼埋葬那时的回忆
在没有你的地方保持幸福和坚强

你是一支笔

茫茫人海
我终于找到了你
一支
为我书写独特人生的笔

一直觉得
自己是山丛间流动的光
除了清冷与空气
没有任何人间的气息

你的一抹淡然微笑
像一滴浓郁的墨
渲染了我
从此为你留了痕迹

无论平实还是华丽
你开始在我的世界写你
我在悄悄读
尽管无声却很甜蜜

你是一支笔
一支我拿得起放不下的笔
踏着岁月的脚步
让我经历——

亲爱的，我变成什么样子

——献给一个受伤的女人

亲爱的，我变成什么样子
才不被你抛弃
才不被另外一个女人打倒
才不被另外一个肚子出生的孩子
抢走你对我孩子的疼爱

亲爱的，我还可以在面对你的时候
喊这个亲昵的称呼
你不表现反感，也不叫嚣暴跳
在我流泪的眼角，用你温热的大手
擦一擦曾经的相爱与共

岁月让我变得苍白无色
你却在丰产的田地
长成了一个魅力十足的成功人士
不想失去，却不得不撒手
谁叫我爱你，谁叫你是孩子他爸

可以在你探视孩子的日子
顺便看看我这个前妻吗
可以在你春风得意的时候
想想我们的当年吗
可以在失去我以后稍稍地后悔一下吗

若这一切都不可以实现
或者在你背影里没有我的余痛跳动
就让你在我的世界里消失
就让你的消息不再在我的耳边盘旋
就让别人不再叫我是你的前妻

雨过天晴了，雨过天晴了
我微笑了，我在过着一个女人的生活
我与陌生的男人电话中说着我的最爱
他在那一头认真仔细地回应着
我打开了阳光的门
才发现天空是如此的可爱清明

秋天的月光

这个秋天的月光
像你的手紧紧地握着我的墙
我没有闭眼
只是静静地看着它们
在我的心上
一下下地刻着画着
有时倾诉你的失意人生
有时看看你的旅程

秋天的月光
没有秋天的风那样寒凉

让我的心生锈吧

总想
用我的纸牌
为我爱的你算上一卦
便要了你的生日
要了你的血型
可什么样的星座和标签
都仿佛不太符合
能以什么方式去爱你呢

我想
照一面具有魔法的魔镜
愿自己变成一个
贪婪不羁的吸血女鬼
放肆且狰狞
把本应开在春天的桃花
种在忧郁灰暗的寒冬
在败叶枯枝间
再掏出灵魂里最可恶的
思念
拌上最冰最凉的无情
狠狠地
沉入生命墙里那道
最恐惧最荒谬的深坑
永远不再欢唱夏的祈祷
只需露出贫瘠与沉默的
钟声

让我的心生锈吧
不会诅咒，也不会赞美
这场再无约定的人生
或者
忘记这世上
最害人的爱情

让一种朦胧的爱万丈阳光

在这个奔放的夏夜
我默默聆听着
你心灵深处曾路过的那些风景
它们氤氲弥漫在每一个季节
尝遍了世间的百味沧桑

在这个纯美的夏夜
我沉淀下自己
把你的坚强和温暖纳入胸膛
怀着一颗初见的心
让一种朦胧的爱万丈阳光

我愿守望你生命最后的盛开
在似水的流年中
倚在你的身旁
做一棵树或一棵草
幻想春天的模样和花香

人间幸福短暂

这段时光里
我的世界
有各种颜色交织在一起

我的幸福
就像这短暂秋天中的落叶
等待着与树的离别
是那样的惆怅，那么的恐慌

真有点讨厌这样的我
在这璀璨的尘世
燃烧的情感还如同烈火

将以怎样的方式与你谢幕呢
一个声音不断地问我

脚下的路向天边延伸
此刻，面向斑斑驳驳的阳光
我求援身体和心灵的抉择

好想穿越到这个夏天之前的春天
或者祈祷在茫茫人海没有遇见
我的人生也许就不会读懂“思念”

总有一天，我会轰轰烈烈地失去你
但现在我的灵魂和身体
它却不断地重复着：想你，想你，想你

人间幸福短暂
还能靠什么支撑着爱你呢？
亲爱的，等你告诉我——

日子

日子像明媚的阳光时
飘逸如轻风般滑落
伸出双手
留在手边的印象
只有一丝淡淡的温暖
这温柔热着我的
经过严寒丢失力量的心

我亲吻着更加清澈的春风
和一千年前的约定

山林的影子

总有一抹山林的影子在心
在这个盛夏的飘雨傍晚
我与吾心追着芳草的清香来了

雨细碎地揉在微风里
伸展着清幽落满静谧的肌肤
丝丝清凉挟起了我磨灭的心迹

山间淡淡的白色羽纱
翠绿着把酷暑收了起来
只在叶的新绿里留一层好感

和着山里洗梳过的浓情
擎一把碎花儿蓝伞
将夜色溶入心神酿成相思

空气里的润泽呼吸
对我有着精入骨髓的魅惑
这是个必需沉醉的永恒

十八岁的爱

天边渐渐地晃动了
雾后的天空
云更加白
蓝天也更加蔚蓝

有一抹动听的粉红色在山那边
开始微笑了
难道通过美丽的回眸
你还没有看到
十八岁的爱

十分美好

有那样一个人
站在那样一个地方
为你演绎了一季春天
便是我生命中的盛大欢喜

被一个人打动
在那样一个地方
那个地方的阳光馨香晴朗
那样别致，十分美好

石头情

几个月前
我捡到了一块特别的石头
内心一阵子
害怕
欣喜
还有一丝煎熬

这块石头
会笑
笑得特别灿烂
我被它的美丽吸引
只想不顾一切地穿越阻碍
扑向它的怀抱

这段日子
我总带着一颗虔诚的心
来看它
石头给我讲了
它的过往和恋爱
还有轰轰烈烈的旅行

我想
把这块石头
带在身边
和它一起见证
世间的绵绵情义
妩媚年华和泪流满面

我们不逃离
不软弱
无畏生死
在几千年以后
或者在几万年以后
活成一方湛蓝的天地

石子

是一颗石子敲击另一颗石子
是石子蹦射的一个个火花
将世界瞬间点亮
继而恢复正常

当看过了火花的妩媚
它便将你的名字刻入石子
天亮起身的时候
有一颗石子
躺在身边像自己一样冰凉

是神秘的温柔走了

是神秘的温柔走了
我才如此地轻松
是疑虑的纯洁消散了
我才如此地洒脱

若寂寞的小屋只有空的味道
飞舞的姿势布满灰色
存在的光线是变色的理由
我的胡乱诗句代表秋的含义

若这一天下雨，若这一年严寒
路上是否有你等我的身影
始终的，不言语的陪伴
我将幸福一生与爱恋一生

在黑暗的世界变为了轻尘
你用手捧我在心
我睡着了，我长眠了
但我感动着浩浩瀚瀚

思念的晚上

许是离你太遥远的沉没
太长久的相隔
便在这种有丝亮光的晚上
突然地把你想起
心胸，慌慌张张地甜蜜

你还介意，我在诗中
一句一句地将初夏的夜晚
想象成我们相恋的情形
也许你忘记了最初的承诺
而我，将这些一生收获

不将最嫩的种子埋葬在大地
也不将它们撒往未来
它们是我们排队的尾巴
是脚踏在阳光下
影子的羞涩躲避

绝不是有意的分离
也绝不是刻意的牵引
有一种很长的空间
就是在这种最凉爽的夜晚
静静地有一个故事让我怀念
不愿舍去，也不想忘记

死神的邀请函

今夜的十一时四十一分
它离我很近很近很近了
我的泪水悄然唱起了梵歌
想你
在我孤单启程的时刻
不是我留恋美丽
而是难过再也不能陪你
不是我不留恋青春
而是我接到了死神的邀请函

在这个离别的码头
让我最后一次深情地
睁开再也醒不过来的眼睛
记住你长长的牵挂
在破碎的月光下
我却猛然听到
你苍白的表情哽咽地说
傻瓜我这么爱你
你怎么舍得

在这片寂静的绝境里
我忧伤地看到
我的人生是一场落幕的悲剧
正在结束飞翔
只有你像一束穿云而来的光
暖暖地召唤
就是这超越生命的力量
今夜的十一时四十四分
我用力抓住

我屏声静气地问死神先生
是我活的不够坦然
不够勇敢
死神这样说
一个人
如果不能做自己热爱的事
不能爱不幸福不快乐
他——
其实已经死了

岁月的问候

忘了从什么时候开始
到什么时候结束
我和你
两个人的故事
在永远的黑暗中
一直行走

以为那些就是地老天荒
天涯海角

其实
它只不过
是一场抓不住的梦
是一段流逝岁月的问候

跌跌撞撞
冲破流年的温柔
偶然回忆

我的春天中的精灵

没有哪次相遇可以准备
所有的绚烂就像昨天

我的前世的蝴蝶
我的春天中的精灵
我想用力爱你
我们共做一场荒芜的梦

我为你铺满了一千条走向我的路
我为你痴情了整片天空

你是我栖息的舞台
你使我生锈的灵魂感动和奔腾
我再也不愿打捞起昨天
因为你没收了我的心

我知道你是喜欢我的
所以才肯让你在我的花园中飞舞

人们说：每一只蝴蝶
从前都是一朵花的灵魂
我想：我在邂逅你时
真的寻到了一段清丽的爱情

看到你的微笑就是送我最昂贵的礼物
我将像火山爆发般为你燃烧

希望你在生命的每一个日出日落
蘸着情人的呢喃想着我
不要泪水不要孤独不要寂寞
披着金黄的色彩穿越永恒为我吟唱飞扬

我的蝴蝶我的春天里的精灵
飞累了就来我的天堂

我的前生是朵桃花

我的前生是朵桃花
是个有故事的女人
喜欢诗人的赞美

我的前生是朵桃花
曾为爱迷失了自己
也丢掉了珍惜

我的前生是朵桃花
在刻骨的回忆中
剩下一片粉红

我的前生是朵桃花
在你爱我的日子
明媚　欢喜

我的前生是朵桃花
扑入你的怀里
才会幸福　优雅

我的心病着

这段光阴
我的心病着
像一棵草
静静地长在你的脚下
没有芬香
没有碧绿
也没有了你

我的心病着
也深深地痛着
有时拼了命的思念
想你消失的那天
那些曾经
那些美好
那些依然温暖

我藏不住秘密
心便病着
我藏不住爱你
心只有悄悄哭泣
你的柔情
风干我的记忆
它们在无声的拥挤

我的心病着
但我要以一朵花开的模样
偷偷地
浓浓地想你
在天堂
在地狱
永不忘记

我好想写一篇长长的情书

我好想写一篇长长的情书
送给渺茫的天籁间飘逸俊洒的你
在感情的奔放河流里
我想轻声而又大胆地说一句“爱”
无论你的反应如何失落与散淡
我都愿做那唯一的明月，感谢天地
我会在无形的白天思念你，也会在
黑夜的空洞里重复着“我爱你”

可是到现在，我却没有得爱的指引
没有分享爱情的一分一言一语
你快来吧，我需要王子的拥抱
如果你喜欢这个世界的花花草草
我愿每天不停地摘给你最新鲜的一束
让它们陪着我们，开在日复一日的生活

我爱你，爱你热烈而又忧郁的颜色
我有些懦弱，总是怕失去最基本的朋友
这时，大滴的泪水溢出我的眼角
带着一丝无尽无言的遗憾
我只会跑过去，紧紧地盯着你的背影
把你的温度和湿度记住

我离我爱你的日子

今天，我才知道
我离我爱你的日子
只有一天

今天，我想化作一阵风
忘记任何的束缚
紧紧吻抱你的热情

我们相爱了
我们又分别了
但我会在每天的夜里想你

把每一个梦
都融化在你的世界
请千万不要将我吵醒

请原谅
今晚，我早早地睡了
因为我只想做个有你的梦

请原谅
明天，我盼望着出发
去追逐着你踏来的那朵彩霞

我是三藏，我在女儿国（组诗）

一

我是三藏，我在女儿国
我对悟空说
快来,救救我

二

悟空带我去了灵山
天黑之前
我写下
不用你，我自己找到了这里
夜宿灵山脚下
气温极低，就像我的心寒冷之极
据说
这里有神仙的身影
我只来求一丝解脱
忘记……

三

我是三藏，我在女儿国
我的梦中
充满了暧昧的气息
我想，我是永远失去了
就像再也找不到自己

如果上天把我唤去
我也会哭着笑
因为
我的岁月
有了爱与被爱的经历

四

八戒催促
师父，快些儿倒换关文
我远远地痴痴地看着我的影子
在云水间
我领悟着爱的
真
善
美
悟空说
爱情就像眼前的两座山
应该
两情相悦
相互欣赏
相互守望
这才是
真正地
静谧
美好

五

我是三藏，我在女儿国
我的心
需要重新开始
或者说一个结束
我问达摩
他答
人,本是赤条条来
赤条条去
在这往返间
你所能获取的
不过是
潮起潮落
花开花谢

六

请让我再重生一回
我在一个诗人的墓前追问
他说
去经历孤独、寂寞、痛苦
我是三藏，我在女儿国
此刻，我正拥有它们

七

期待
守候
有的时候真的很幸福

就像每天新出生的太阳
最值得我们全力以赴去爱
因为
面向它
它便照耀你
给你无穷的温暖和力量

八

人生有太多的东西
需要我们去承受
譬如生活
譬如“伟大的爱情”
我是三藏，我在女儿国
悟空在灵山山顶
迎着风，面对佛祖
对我说
我爱你
我得意自豪地笑了

九

我有了幻觉
我接受了悟空的拯救
我是三藏
我离开了那片荒凉的女儿国

我是一滴水，我只是一滴水

我是一滴水，我只是一滴水
请你小心地再小心地将我放在水杯里
是那种透明的洁净的玻璃水杯

我是一滴水，我只是一滴水
请你将我远离盛火的热情和冰冻的寒冷
我不想离你远去，只想真心伴着你

我是一滴水，我只是一滴水
当我因你的疏忽而在黑夜里凝固成冰
我的泪将变成一抹永远将你想念

我是一滴水，我只是一滴水
因你捎来的讯息，将我化成了一缕春风
请你不要再为我紧紧地疼痛

我是一滴水，我只是一滴水
在别人的路上，折射出的影子是轻淡的
但是我永远珍惜在你的唇边醉人一刻

一个颓废的女人

特想独身
就这么一个人活着，也这样一个人死了

没有特别特殊
在这美妙的日子。一个颓废的女人
寻觅不得世间最低最俗的快乐

一路春光
选择做一个比昨天更好的人呢
还是删除，删除，再删除
删除到只剩下一副清清爽爽的皮囊

还有什么没有算计明白
你我生命里的密码，还解的开锁吗
你轰轰烈烈的到来，让我用一生去忘情
这就是你送给我的最好礼物
我为你鼓掌，我为我鼓掌

这世间短暂的都是美好的。如这一轮生命
生命就怕这样的迷惑和唤醒
请忽略我面向阳光的乱发
因为，我忘了解开幸福的颜色
此时只有灰，肥肥的灰暗藏于心酸
不能选择生死离别，那就选择做一回血的玫瑰

我是一片云飘在季风中

我不是一颗青草
可以在春天里吐露芬芳

我不是一枝鲜花
可以在夏日中娇艳绽放

我不是一粒果实
可以在秋收的海洋自由翱翔

我是一片云飘在季风中
用雾的衣衫变幻出我的美丽
吸引你，追求我的目光

我提着一只照耀过你的马灯

当听你受苦的消息
我的眼泪，流出了灏灏的心田

当看到你流过泪的信件
我也在陪伴你滚动热腾腾的眼圈

我是爱你的永远情人
在深夜里，默默为你祝愿

后花园中盛开的花朵
是我们深深的思念

还有那一只独舞的蝴蝶
载着我们的相爱飞翔

我提着一只照耀过你的马灯
用燃烧告诉你，我度过了怎样的一生

我愿搏斗在战场

我只有在寂寞中宁静
孤独地阴影
渗透我的妩媚成熟

我喜欢月亮的旅行
星和云的陪伴
却讨厌一只如野狼般的男人叫嚣

无数支利剑刺穿我的空虚
渺茫的未来夹杂着蔑视的回响
激荡起侠客的忠心

我愿搏斗在战场
却怕你的唇将我融化
黑夜固然害怕
每一丝星光眨眼的渴望
都是对回家的向往

我愿成为一只永远的蝴蝶

我愿成为一只永远的蝴蝶
让他在吊脚楼下遗憾的悲凄

蒙蒙细雾的飞影中
所有目光倾视我的高贵圣洁

伤心悲痛的季节
只是开花无果，只是有爱无缘

疯狂的刹车声刺伤了你的耳朵
你落泪了，但你却没有哭

我愿成为一只永远的蝴蝶
在你的梦中，在你的一生中飞舞

我愿成为一只永远的蝴蝶
但不愿他在骑楼下伤心不止

我在你的身上种上了千万个爱的种子

走近看你的时候
你是由一块一块的岩石组成的峰

远离望向你的时候
你是由一座一座的山组成的脉

站在你的腰间
用动听的山歌与你粗犷的回音对话

——春天，树儿抽条时
我在你的身上种上了千万个爱的种子

——秋天，串串的丰硕果实
是我们最甜蜜纯真爱情的结晶

我只有心中的烛光为伴

这一夜的摇曳
是这一生的奉送
这一夜的闪光
是这一生的叮咛

在黑暗的岁月里
你做了一个最光亮的使者
在微弱的燃烧中
你的跳动成为最迷人的舞

我要记住那一天的温暖
还有那一天的无情
在驶动的车厢上
我只有心中的烛光为伴

无声的想念

一段往事
一抹回忆
一丝牵挂
在无数你读不懂的情怀中
我无声的想念

记忆里那些温暖的面孔
慢慢地，慢慢地
竟被繁华似水的岁月模糊了
一场青春匆匆而过
沉淀出一轮寂寞的想念

枉然这段时光，它——
曾闪烁
曾绚丽
曾灿烂
但它真的已经走得太远太远

我在想
人生要是没有这样一份遇见
我便不知
世上有一种情感
曾经难言

下一个春天

听了你给我许诺的期许
我知道
我依旧喜欢绿色喜欢绽放
喜欢在不远的路上
和你约定
人生里的下一个春天

一辈子中遇见了你
我愿永远相爱并愿永远相念
把忧伤与寒冷深深掩埋
用我的诗句爱你也爱自己
像阳光一样充满温情和活力
静静等待下一个春天

夏天的雨

一直觉得
这是个粗犷的城市
在我寻觅的路上
从未关注过
它的明媚

是这场夏天的雨
让我在这条街区的路边
停留的久了一点
在一缕缕的湿润中
我被它的优雅吸引

仿佛是突然发现
这修长的光影
和温暖的笑
让我如此痴迷
朦胧里涌动着一份久违了的感动

我爱上这个夏天
这是一段可以飞行的幸福
可以用余生留恋
这是一程刻骨铭心的风景
可以让灵魂忘记生命

夏天礼物

我从五月开始寻找
寻找一份送给你的夏天礼物

我在一瓣瓣绽放的花朵中寻找
寻找你最爱的色彩

我在一串串雨后的天空里寻找
寻找你最爱的霓虹

我在炎炎暑热的空气中寻找
寻找你对夏天的不舍

千辛万苦
万苦千辛

亲爱的，我只找到了
我自己最美的笑脸和最真的感谢
当作夏天的礼物

你喜欢吗

享受做女人的花香

有一盏橘红色的灯光
照亮着油画布上的女主角
她仿佛只穿了一件透明的衣裳
那么美，还有点性感

用一种妩媚吸引我的目光
她上等的全身肌肤
迷离中闪烁着精灵的大眼
和女人的鲜艳，女人的曲线

女人的红色嘴唇
饱含一股热情的烈火
她在我的心中扭动着身躯
注视着我欣赏她的动作

她渐渐变得娇柔
甚至最透明的一丝也褪了去
像一朵云，淡淡地被人托向黑夜
去享受做女人的花香

像花开一样睡去

一场夏雨过后
夜空静谧了许多
今晚
我急着入睡
不等星星的陪伴
不要月亮的晚安
因为有一场盛大的花开
照见了我的原形
它美丽忧伤
让我在久久的遥望中
再一次相信爱情
我想象着
你带来的幸福
在你身旁，我愿
像花开一样睡去
永远不醒

寻找我的春天

想要见你，你的郁郁苍苍
便在积藏的白雪手心，翻来覆去
寻找广阔而幽深的迷惘

没有梁桥，没有路途
浩荡的生活之船穿过古木的寥廓
我的春天，你在哪里纵横流淌

我挚爱着你的身影
不惧怕冬季的萧条和寒凉
我孤单地扇动羽翼，在广袤的原野

我相信，繁茂光彩的春姑娘
会在皎洁的空中升起
鲜艳似火，把我染红成青春的风儿

阳光依旧灿烂的日子

世间唯有你，最懂我
在岁月匆匆前往的阡陌路上
我总是控制不住自己驰骋的心绪
写一首青春不再回来的诗
祭祀你从荒凉与寂静中的开始

我爱你，就像窗前依恋的阳光
用淡淡的暖暖味道雕刻等候的印痕
你的陌生又熟悉的徐徐步伐
让痴狂的我绽放成一朵天上的烟花
消逝在你美丽的鸟语花香中

我不再是一个人在路上彷徨
宁静的溪水醒了，跳了，叫了
飞走的鸟儿带着它的故事回来了
绿色的季节顺着我的河湾航行
心中的芳香呼吸把蒙蒙的雾也遣散了

你的萋萋，你的幽幽，你的潺潺
你的明澈，你的质朴，你的弥漫
我的茁壮，我的纯真，我的进取
我的欢笑，我的成长，我的期盼
都融入了这阳光依旧灿烂的日子里

一朵红莲

在这一塘
挤满缠绵呢喃的荷叶面前
在澄净水池的一隅
夏夜的微风荡漾
吹拂着你妩媚的脸庞
你那般高傲地绽放
你是袅袅水世界中的牡丹之王
你是一朵清醒的孤单
你是我心中最华丽的芳魂
在波纹里，如梦如纱

一个人的脚步

我从那片雪乡出发了
清清淡淡的路上
留下了我一个人的脚步

它们——
那么深又那么浅
但我不再有悲伤和孤单

天上那耀眼明媚的太阳
它教会了我
将一切往事遗忘

它教会了我
把迷茫的人生
当作紫红色的烟花点燃

味蕾里，只记下
美得让人透不过气来的
那一天

一句话

有句话不得不说
不说出 它就是一匹脱缰的野马
冲出我胸廓的围栏

有句话必须说出
不说出它就是一粒火种
会把我的血液点燃 躯体焚干

正如太阳说出才有白天
月亮说出才是夜晚

但我最终没敢说出
怕一出口
那朵花瞬间开完

怕说出了
就像月台说出火车
只留下长长的沉寂和空旷

留下吧 留下一句话
其实是留下一根刺
让我爱你久久地久久地扎在我的心上

用黄色的树枝写信约了你

是谁冷落了你的青春
让你泛光的容颜在一夜秋风中变色

在角落里哭泣
在我的心底处伤感

没有像黛玉一样葬你
只任凭风儿划一个圆儿卷起你的外衣

默默的时间来了又去
我等待着下一年的春天

用黄色的树枝写信约了你
地点刻在记忆里

有的时候

有的时候
总觉得自己
会在这个世上
活得不够久不够长
所以
才敢拼了命般地写下
曾相遇过的
每一段爱
每一层伤
每一个日出
每一次夕阳

滚滚红尘里
亲爱的
我要告诉你
当我的心间和胸口
吻上一抹
你带来的清香
我才能
如此安心地
将梦的华丽帷幕
摇晃

有你有春天

有一段青春的日子
有你
没有浪漫的邂逅
很简单
也很平凡
但有整片绚烂的春天

也许不是最美的遇见
但我愿
有你
未来的生命中
便永远
有悠然煦丽的春天

每一朵盛开的桃花里
都会有一段
轰轰烈烈的爱恋
唯有我们
是温暖
是陪伴

这段记忆是深情的
空气中
夕阳下
暗香浮动
因为
有你有春天

与爱恨纠缠

这是一段发生在水边的故事
似乎还没有开始
爱的种子便如盛夏萌芽
似乎还没有结束
恨的故事便随午后的微风蒸发

在岁月的年轮里
我用我跳跃的思维
写出城市中我们的无奈与彷徨
经历一段爱与恨的交织
记录下青春的坚强

曾经的一片汪洋深情
穿越了寂寞
却无法让你的心灵斑驳
我能牵住你的心
却　　不能拉你的手

雨天·再见

再也不用深情地怀念
那些曾燃烧着的日子了
有一种再见
就在这种下雨天
它浇灭了我灵魂最深处的震颤
让我固执地反复地说
再见
再见
再
见

再美的景色也不及你在我身边

亲爱的，在人生这部从容不迫的书里
我最喜欢一年四季中的春天
但我愿意，微笑着陪你守候你最深爱的秋

红叶从空中飘向地面的时光多么壮阔波澜
每一片和每一片的遇见都是我的感恩与思念
谢谢你愿意尝试着陪我谈场没有约定的爱恋

我愿意站在最黑暗的地方，送给你温暖
从一颗心奔向另一颗心的遥远旅程
我听到了你的力量和我们明媚的笑声

在这相约无期的秋，我也收到了你寄来的春风
它对我说珍重，它涂红了我的整个魂灵
它把所有美丽的日子和爱画在了那永不再来的昨天

我们的爱情还在路上，路途有多长，我不清晰
但总在铺往鲜花的梦里，我会莫明地失落和悲伤
怕某一天，我们走过的地方没有了你的歌唱

其实幸福很简单，就是你的一个毫不犹豫的拥抱和吻
还有那窗前照射到我们身体上的清耳悦心的阳光
亲爱的，再美的景色也不及你在我的身边

请你多给我准备一些春天的种子和对爱的执念
并再多一份明眸善睐的希望和坚强
在每一次约会里，让我们静静地迎接那份地老天荒

在余下的岁月里

人生是一部美轮美奂的书
在余下的岁月里
亲爱的，让我们另起一章
共读吧

我要给自己的心一次美丽的机会
跟所爱的人编织余下的梦
在这所迷失了的城区
用沾满墨香的心“疯”一程

没有万丈光芒
爱就是我们所要去的地方
我押上我生命中的所有
温润那些世俗

我知道
我会对你一直想念
用我的灿烂驱散你的忧伤
如绽放的春天不眠

亲爱的，我们已经辜负了青春
就别再辜负了岁月
不要走着走着就丢了
也不要说着说着就消失不见了

我的守候如这些闪光的诗句
把这一生余下的爱都用尽
眉眼里满是唱不完的情歌
细细密密地缝进你的灵魂和身体

在这个路口

我信步徒走的时候
山上的花开得正是烂漫

绿油油的青柏
如同我淡淡徘徊的心

等你，想在这个路口
遇见如熟透了的红柿子般的你

我拾了一朵野花
打了一个卷，插到你的头上

我想象着，你最美的眼神
偷偷地望着我如摆动的草叶

爱情一定是在不声不响中滋长
然后在水深火热中疯狂

我等待你，轻轻地走向我
在我的身后，蒙住我的眼睛吻我

在这个浓得化不开的黑夜

在这个浓得化不开的黑夜
我轻声地敲击着你的门

在这个浓浓晨雾怎么也抹不去的日头
你渐渐地闯入了我的心

说“爱”是一句沉甸甸的声音
我在桥的这边没有听清它伸过来的真情

西边的树梢鸟儿已经惊醒
是因为　我在那里长久地喊了一声

东边的河塘细嫩的小鱼籽已经摆着尾
我的声音扰了它们不愿长大的梦

长大了，鱼儿都会长大
爱情也当然地会长大

我长大了，是一个清纯的姑娘
你是知道的，我徘徊在你的家门

你却只能一直荡漾在我胸膛
在彼此的路上成长

在这个飘零的雨季中和他告别

我入迷——
动情地幻想着
在这个飘零的雨季中和他告别
我们的恋曲

我会拥抱他
甚至
会紧紧地相吻而别

然而分手的夜晚
星空朗朗
月如一弯秋千在徜徉
互相睨望了最后一眼
便扭下头——
各自走各自脚下的未来
还有长长的人生——

长发已经不重要

在相恋的季节
你说最喜欢长发翩翩的感觉

那时候，我的短发
需要为你蓄多少年
才能等到你喜欢的感觉

于是，在理发店里
我接了一头洒洒的长发

当你看到我的时候
你说，你已经不喜欢我
长发已经不重要

另外一个雨季已来临
为你蓄长发
我要为你蓄长发
直等你来接我在这个季节
但你冷冷地说
长发已经不重要了

这几天

这几天，我都在读诗看诗
我却把这些跟你有关的句子
记了下来

这样的故事发生在从前之前
那个地方还没有春天

我那偏心的主人
根本不思念我

这满天的雨水
又增添了我一轮新的忧伤

带我去吧
连同我的爱恋

在暴雨过后的沉寂里
我也将准备远行

你什么都不用想
为我准备一把大伞就好

我不怕没有希望
也不怕失望

我集中了身体所有的力量
颤抖着为你写下

就像我们最初的日子
我在梦中喊了你

在好几个地方
那里泪水浸湿了花海

是封赏也是埋葬
更是最可怕的牢房

我看不到尽头了
因为我所有的梦都从花海
里来

而我等待的目光
依旧灿烂
在大路变成小路的地方

这几天，我都在读诗写诗
你走了
未来的一切都将变样

这一次激情澎湃的相爱

我认为
曾经的我们
一定是一对会飞的蝴蝶

在这里
曾经是满目野菊飘香的季节
我们来过，我们允下承诺

若干年后
便有了今天的迢迢千里的团聚
然后，便有了这一次激情澎湃的相爱

也许，你就是那只泛黄的蝴蝶
而我，永远是那只发白的小野菊花
在这里，数千年数百年的等待
只为你，隆重的花开花谢一轮回

致宝贝

宝贝
我最亲爱的宝贝
在这个晚风吹拂着的秋夜
我想你了

我想你
便把你化成我迷恋的山峰
你和山之间
共有的那种深沉的美
烈强地吸引着我
就像
皎洁的月光透过窗口
洒在我的心上
神秘而轻柔

宝贝
我最亲爱的宝贝
你的点点滴滴
温暖着这个孤寂的晚上
那诸多的幸福美好
幻化成了一朵朵
四季绽放不败的鲜花
我看得见
它们正在蓬勃生长

宝贝
我最亲爱的宝贝
我也许迷上了
迷上了那一次次离别的吻
那样忧伤
那样不舍
却又那样让我爱得
义无反顾
就像追逐春天的梦想
地久
天长

总也忘不了

总也忘不了
那一幅温暖的画面
那一天
那座山上静悄悄的
山坡上的太阳也出奇地灿烂
云彩轻柔地变幻
它们淡淡地照耀着我们
我喜欢
那时的一片片眼前
像翠绿的春天
盛开着一簇簇洁白的睡莲

谁也无法阻拦
有一天
我的青春也将远去
两鬓斑白
声音沙哑
在我生命的最后时光
躺在靠椅里
我用我最难忘的
最想念的
回忆
唱起那支缥缈的歌
那是一个树叶还有雨滴的季节

为了你
透过岁月的朦胧
我曾用鲜血写下炼狱

走向陌生

你做你的茧
我织我的梦
这一夏
这一生
这段情
消融在这场初秋的脚步中

我——
感谢夏天的温柔赠予
感恩春暖花开的日子
那曾经的轻扬和欢畅
那曾经许下的
一句句甜言蜜语

就让它们
伴随着这一片一片
飘来的幽幽孤寂
走向寒冷
走向分别
走向陌生

最宠爱我的人

相识的那天
是在一场深冬的雪里
漫天飞舞的记忆
具体是哪年哪月哪天
我不记得了
但
他知道

相知的那天
是在一间租来的厨房里
满桌子的菜肴
味道特别的香
你说我是一只贪吃的小馋猫
最后
碗筷是谁清洗的
我不知道
但
我清楚自己的心
是那一天
开始爱上那个做饭的身影

相爱的那天
老天爷给我们洒着蒙蒙细雨
那是浪漫的五月

他带着玫瑰来娶我
婚礼上
我的心在哭
但每一句誓言
我都记得

躺在属于我们的床上
你说
下辈子不想再遇见
因为
只想
这一生
把全部的爱
给我

十余年过去了
我们的情
还在路上
我永远相信
你就是
在这个世界上
最最宠爱我的那个人

我愿意
我真心的愿意
把我的骨头和你的骨头
化成
永恒的尘土
埋进冰冷的墓里
并刻着我们的名字
你是我的夫
我是你的妻

亲情篇

背着故乡在路上

我用寒风捂住它
我用岁月蹉跎它
无论如何，我终于才知道
我浇不灭它

它是我心中的光
心里的话，心灵的暖
我什么也不用说，也不用做
它就一定属于我

我们互相爱着，且深信不疑
遇见什么，我也会悄悄告诉它
即便我在路上哭着
有时，还泣不成声

但我还会在远方
在迷路时
在伤口的伤疤背后
说:我爱你，只爱你

是的，是我先扑入你的怀里
并且最先喜欢你的笑
还愿意捧着
我的心和身体陪你舞蹈

这一切
我只有一个要求
我要你在人间的最后的所有的美好
都给我

我的回报是——
我一个人独立孤单地活着
把你藏在心底
放在背上

并在你我都闲了的日子
按着约定返程的路标寻你
把这一行行写成的思念和爱恋
念给你听

把自以为是的无知成人放大一千倍地耻笑

孩子的眼睛总是被称为最洁白透明的地方
它的光亮闪着最可爱的神采

一条小狗跑来时，儿子就会问妈妈
小狗为什么不穿鞋子就可以在地上跑来跑去
宝宝为什么不能光脚
是啊，都是最无知与忠诚的朋友

狗儿们天性率真地与土地亲密接触
而我们，却为了所谓的“干净”
让我们的孩子失去了——
在童年的时候玩泥巴的经历与回忆

看动画片《葫芦兄弟》的时候
儿子昂着热情的小脸对忙碌的妈妈说
我愿做你的弟弟，你愿做我的葫芦哥哥吗
“瞎说，我是你妈”声音有点大的回答
在成人又一次的反驳中，孩子眼睛中的世界
还有什么，还有多少艳阳天的晴朗

最神圣的眼睛总在最黑暗的角落里
把自以为是的无知成人放大一千倍地耻笑

尘封许久的诗心

在风和日丽的清晨
在暖暖春风的吹荡中
因为爱的呼吸
和心的呐喊
我又重新收拾起
我尘封许久的诗心
回到我的如雪般
洁净的童年

在闪闪阳光下
我数着叶子的嫩绿
在片片花朵影子里
我寻找着虫子的爬踪
在深深的泥土中
我翻看着爱的记忆
在水草丛生的池塘边
我看到儿时的伙伴

它们都是我快乐的心
啊
它们都是我回不去的路
啊
它们都是一步一步的脚印
啊

它们都是丢失日历里的泛黄色

我跳跃着不朽的身躯
在寂寞的日子里
莫名地激动
我奔跑着向着天边
嘴角里流出的是殷红的鲜血
更是有一碗
浓浓的思念溢出胸膛

城里人眼中的农村人

曾一度
为自己的农村人身份而自卑
在无知的少年时光里
在幼小的心灵间
发誓——
要改变自己的身份和环境
要脱离泥土和沙尘
要得意洋洋的城市生活
要一张充满优越感的城市户口

十年岁月
快跑得时间如流云变幻
在这期间，有人总是在笑话着我

城市的建设速度
比我恋爱结婚生子的步骤还要快
在自己争取做城里的人时候
农村，一个十亿大众基础的基数
成了几亿城里人羡慕的地主

拆迁——
让满身泥巴的农村人硬变成城市人
虽然衣服穿着整齐了
但不搭调地喝着洋酒与咬着大葱

还有念叨着的自家那一亩三分水田

地没有了，生活变好了
站在城市与农村的交合处
有些恍惚
有些错杂
有些分不清，理不明
我们到底是属于哪一边的人群
城里人眼中的农村人
农村人眼中的城里人
一个美好的名字来临了
城乡结合部人

多么好的环境
有山有水
有楼有车
有存款有时间
就是没有一份属于
我们的工作
闲适着，还要抱怨着
轻松着，还要羡慕着
奢侈着，还要小心着
无聊着，还要生活着

村庄的名字

已被耸立的高楼压在脚下
我埋藏在记忆中
最想念的熟悉的村庄的名字
你就像永远忘不掉的
碧绿碧绿的田野
和缭缭绕绕的炊烟
在我的梦中，在我的心上
盘旋，飞舞

原来静谧的小路
已被浩浩荡荡的水泥和沙土
变成一条狂野的风
吹着我们这群
刚刚变成城里人的心
竟多少有些个彷徨
还有那一点点的不相信
成天念叨的村庄真得没了

村庄的消失会带走村庄的名字
也许在下一次的相遇
村庄和她的名字
成为眷刻的不朽丰碑
或者成为书本上的文字历史
但我还希望，有什么能够记载
曾经有一群生活
为了城市而牺牲土地的农民

第一把钥匙

十岁那年
我得到了人生的
第一把钥匙

娘将钥匙的孔上
系了一根皮筋
长度有点小又有点大

套在我的脖子上
有点紧
套在我的手腕上
有点松

不得已
娘将它套在了
我的脚踝骨上
大小正合适

每次回到家门前
我都要先脱掉
沾满泥巴的鞋子
小心翼翼地取出钥匙

带着山间的泥土
鞋与脚的汗臭
钥匙陪我
往返于学校和家

不知过了多久
皮筋磨断了
我才知道
我的钥匙丢了

在来来去去的路上
我冒着汗
急急地仔细地
寻找着它

终于在一个小水坑边
我看到
它依然闪着铜光
等待着我

我疯狂扑上去
捧起我的人生第一把钥匙
热泪盈眶地
亲吻着曾经的曾经

还有一串很响很响的风铃声

河边被清凉的溪水冲滑的石子
就是我的年龄
一颗一粒排在水中
代表着我的前行

岁月似流水依旧流动
带走了我的身影
永远抹不去的
是留在风中的记忆
还有一串很响很响的风铃声

黑暗中

还用我搜肠刮肚的诗句来赞美拥有白天的美好吗
在一块轻薄的眼罩蒙上我双眼的时刻
人声鼎沸的黑夜，我进入体验盲人的世界
一只陌生的援助之手捧着我紧张且潮湿的手掌
在几度干枯的繁华世间，我曾生满苍苔的心
开始了迟迟来到的落英缤纷般地融化
还有什么琐碎的哀怨的声音生根吗
停顿，把一切青涩的心语隔开热情的人群
来到人间，得到了母爱的育孕和生命的赐予
我们，获得了健康，获得了资源
就不要再辜负多少双神采熠熠的期待眼睛
不要再继续渐渐暗淡下去
不要再让她们用一生的泪水
慢慢地慢慢地洗濯黑暗中忘记了的我和你

荒废了岁月

我是一株风信子
不经意间
荒废了岁月中
那一片殷实的耕地

它不断地长满了杂草
忘掉了人生

没有头绪
没有黑白
甚至在夜里
折磨着折磨

回到漫山遍野长满庄稼的家

暮色中，你背着大包小包匆忙地行走
灯火繁华处的热闹，此刻不属于你的世界
有一颗寂寞的心软软地呼喊
回家，回到漫山遍野长满庄稼的家

火车票上印着熟悉的气息，那是你远离
一年的家乡地址，它清醒得笑着
因为你的手心里紧握着家乡的企盼
也许醉了，也许夜太冷了，你走得如此沉默

飘浮的梦想，让你在这个城市流浪
你是一个过客，一个真诚的远方客人
踏着火，踏着冰，赤脚走在凄冽的叫嚣声中
从不曾奢望地想，做一个荣归故里的旧人

总是有一道风景，引着你的步伐
从家乡的土路开始出发，跨出一步一步的勇敢
喜欢，深情地喜欢，飘舞在城市的夜空
真希望有一条通幽的曲径，让你生根发芽

家乡的天和地是灰色的，砖和瓦是灰色的
总是重重地覆盖着你斑驳的渴望
家乡是遥远的，炊烟缭绕的，迷茫的
但屋中的火炕永远为你回家的身影热乎乎的

寂寞会爱上寂寞

今晚
不想看书
不想写诗
不想多说一句
什么都想不起
什么都不愿想起
赖在床上
用孤独的灵魂去感受
我的生命中
曾路过
曾遇到
曾难忘的
那一片小小的村子
下雨的村子
它在大山里的寂寞

本以为
寂寞会爱上寂寞
却错过了
所有的多情
所有的眷恋
在深陷一路泥泞之后
学会遗忘
学会继续
学会
替那座沉默的村子
那座藏在黑暗背后的村子
写下寂寞
它这一生一世的
梦
和生活

进城打工的回忆浸湿了冷暖

在你刚被种进初春的阳光
还是一颗娇嫩的幼芽时
我正从村西头的泥土路
头也不回地迈步远行

在飞往城市的路上
我听到了土中的拼命拔节
伴着浩瀚的寒冷北风
满耳是你骨子里发出的愤怒

我虽是个沾满草香的孩子
却不愿整日守着默默无言的你
在母亲无数个思念的枕边
唯有你，质朴如磬

当我被你清新奇美的翠绿
击倒在岁月的航线
我的泪迷失了蒙胧的眼
再也写不出更动人的诗句赞叹

你骄傲的果实挂在我的头顶
你婀娜的身姿
让我在仰望你的那一瞬间
进城打工的回忆浸湿了冷暖

九月的阳光

遇见九月的阳光
我就变成了一支山茱萸
在枝头，感受九月里
短促的灿烂明净

在寂静的山林中
我将与长长短短的虫儿
合奏着秋天的惆怅与辉煌
用影子定格那逝去的时光

今年的九月
我满怀感激和喜悦地写下
这一年里最美的向往
寄给陪我一起走过的你们

有些人有些事
将永在心底停留
有些人有些事
只是生命中划过的一道风景

九月的阳光清澈芬芳
听，云淡风轻
深呼吸，再深深地吸一口气
让我们拥抱旖旎的梦想

快去

拉动窗帘
打开窗子
把身子探出去
伸出右手
将一切美好
都迎进房间里

瞧
这新鲜舒爽的空气
多可爱
听
楼下的走动声聊天声
充满了幸福

在这个世界上
还能有什么不开心
能霸占自己
快乐起来
快去享受阳光的生活
快去

老屋

在盛开的春天中
山后那座幽幽的老屋
还有墙壁缝隙处滋长的野草
对一场春雨的企盼
宛如等待一场奢侈的盛典

在淅淅沥沥和沥沥淅淅中
老屋从容地诉说着自己
那逝去的流金岁月
在无数的黑夜里
纷争的心渐渐平静的过程

老屋昨日的辉煌
被春华秋实的日子消散了
老屋优柔缠绵的故事
在这场轻轻点点的春雨中
荒芜地只剩脚下最后的尘土

远去了的红和远去了的绿
在老屋身旁唯一陪伴的
只有那一条不变速度流淌的
潺潺小溪水
告诉它,烟与雾的匆匆飘浮

妈妈，我不愿长大

新年的钟声飞近了候鸟群
近得连心脏的颤动都听得清醒

又要长大一岁的孩子哭着说
妈妈，我不愿长大
我愿每天在妈妈的身边被妈妈拥抱
我愿每夜都在妈妈的被窝和妈妈一起睡

又要长大一岁的妈妈伤心地说
孩子，妈妈也不愿长大
我愿永远年轻，就像快乐的花一样鲜艳
我愿永远被你和你的爸爸守护
就像你一样幸福地连睡觉都能笑出声

时间轻轻地在这对母子身边徜徉
它仿佛也不舍带走生命的沉重
妈妈抚摸着孩子的头，呢喃着
孩子，你是一定要长大的

明天

远处的烟花
结束了最后的舞蹈
家乡的夜
再一次静谧起来
四周
装着沉甸甸的空气
因为明天
一颗不安分的心
又要飞进城市打拼

每一次的离去
都要将眼泪咽进心里
无声地
把父母热切的目光
与盼望的表情
埋在心底
斑驳地描绘着
未来将是个
温暖明媚的春天

前世来生

我从来不相信前世
也从未觉得生命里有来生
但在这如花三月
我期盼
期盼岁月真的有轮回
我们能够
走在这个世上绝望的时刻
去选择
选择人生里的再一次转世投生

如果有来生
我希望自己不再是一个人
我愿自己成为一棵青松
在山上
在悬崖边
抑或在未知的路旁
就那样坚强的
一生四季
静静地守候属于自己的沧海桑田

如果有前世
我想，我一定是个高傲的公主
锦衣玉食
唤雨唤风

否则
怎么会在这一生为人的光阴
辛苦地
体验着
变幻无常的生命
痴痴地期待
下一季精彩的人生

亲爱的母亲

注视着
端详着
母亲在无声的岁月中老了
我的勤劳坚强的母亲

母亲是一个平凡又普通的农村妇女
却是那样豁达，那样善良
在苦难中，为了自己的孩子
她不屈不挠地活着

说句良心话
也许谁都觉得自己的母亲
是天底下最伟大的母亲
我也一样

只要有母亲在
我将永远是个孩子
因为一提起母亲的养育之恩
多冷的世界都会融化

我的母亲有一双有力的大手
在自家的院里，她喜欢养花
不仅把我们的小家装点得绚烂
更是在人生的长河里拉扯着我们长大

在我最初的记忆里
我的母亲有年轻美丽的笑容
和满含爱意的歌声
她呈现给儿女的，永远是对生活的光明

母亲，您还记得吗
小时候家里穷
您对有字的纸张，有一种敬重
总是反复地叨唠着“孩子，多读书”

当我们真的一个个
读书毕业，长大远行的时候
母亲，您又把所有的幸福指数
换算成儿女们路上的一段段平安行程

亲爱的母亲
很久很久没有叫您“妈妈”了
因为忘了是从哪天开始
叫您“老娘”，您居然也是那样快乐的答应

今天，就让我说一千遍，一万遍
妈妈，我爱您，妈妈，我爱您
用我的呼唤，给您力量
填满您守在老家的寂寞和孤单

妈，出门时，记得带上助听器和手机
过马路的时候，要注意两边的车辆

进商场的转门，要小心脚下的电梯
在餐厅吃饭的时候，别舍不得点菜

妈妈，女儿呀，没有什么大的出息
我只有乖乖地听您的话
在城里，把自己的小家过好了
让您呀，少点惦记

妈妈，我知道您
住不惯这上上下下的楼房
离不开家乡的那些高高低低的树木
还有父亲的坟冢和老屋

随着女儿的逐渐长大
我才真正地感受到了时光对生命的刺痛
妈妈，每次回家看您
我都会在村口深深地吸一大口田野的风

我要深深地感谢，感恩母亲
因为母亲是故乡的一棵参天大树
有了母亲，有了母亲的疼爱
我们的生命才能郁郁葱葱

无论是在阳光灿烂的季节
还是在刮风下雨的岁月
只要有母亲在，就是幸福
我要纵情高呼：亲爱的母亲，万岁

秋天的树

——送给秋天出生的自己

在临风飒爽的秋景中
我生根发芽
每片以火焰姿势翔舞的蝶
是夕阳送给我的礼物

在一堆光亮
与热情的迷人岁月里
我以最绿的色彩
为寻找春天忘情舞蹈

我是秋的使者
在瑟瑟的草木摇落中
坚强地面对寒冷
在虬枝苍劲里烈烈燃烧

我是秋的宠儿
带着耀眼与喜庆的颜色
从容中布满淡定地
拥抱泥土

任春暖花开在我的世界

在风的摆动中
我听到冰层的最后歌舞
在飘扬的秀发中
我听到水流的激情狂妄

日落的情感田野
带不走我对希望的寻找
奔赴着下一个，下一个
人生金字塔光

啼哭的喜悦
呼喊着春天的轻装
来吧，来吧
任春暖花开在我的世界

若路上还有空隙的时光可以流浪

从阴暗的寒风里吹出来的温和
有点暖，也有点凉

走在感慨生命的无奈缥缈瞬间
它们，却已经走向了死亡

送葬与陪葬的果实忘记了自己
用新生的种子，指挥别人

若路上还有空隙的时光可以流浪
我愿做秋天的阳光，微黄

秋天的阳光可以引来冬日的阳光
还有冬天的目光

很冷，但却可以保鲜一切跳动的
红色心房

十月里的父亲

家乡的十月田野
舒展如画
沉静的地间杨树
昂首伴着默默劳作的父亲

漾开的晚霞
将父亲苍老的身影和汗滴
融合进芬芳的大地
远方，我听到他的微微喘息

父亲蹲在地头
抽着自己卷制的烟草
守望着一年的丰收
秋天在他的额头飘来荡去

收割庄稼是一种快乐
父亲说，就如寄托
他的孩子在城市里奔波着
赶回来看他

父亲会将最新鲜的粮食
放进燃烧着故乡味道的柴锅
蕴藏成他的温度
斟满酒劝他的孩子喝一盅

迷醉的我，模糊了的双眸
站在苍茫的公路上
看自己斑驳的影子
迟缓地拾起父亲的秋色

逝去的村庄

逝去的村庄
这个冬季，你
一定是最寂寞的母亲

曾经在那里
将我们纷纷养育
肥沃的闪光的黑色土地

政府的拆迁令
我们，依依不舍
却兴高采烈地远离你的气息

这个冬季，最洁白
最寒冷的雪飞舞地漫无边际
我相信，它一定会温情地给你盖上惬意

逝去的村庄
今冬，没有了我们他们的喧嚣
似一片废墟的你，平静地睡着了吗

你没有走远，只是变了
更加美丽的外衣
我如今依旧在你的身边，在每一天的日落之前

星空下，我坐在你的怀里
想着，盼着，念着，等着
你最终凝聚的雍华容颜

你看，隆隆声不断
那开过来开过去的铲车，是你
新式外观的加速器

一个个身壮如山的工人
睡在建设你的工地
这一年，他们就是你最亲近的儿女

遥远地，我仿佛知道你睡了
睡得那么香，那么地抒情
于是，便继续拥抱美好明天的梦

四月花开

四月，清明来了
父亲，我真切地感到
我的春天也来了

记得您生前说过
脚底沾满泥巴的孩子
永远不能忘本

站在这个城市的角落
我狠狠地想念
家乡田野里的风

吹过您辛劳的背脊
吹过我成长的童年
把梦种植在蓬勃的春天

当春风吹来了满屋的芳香
我睡着也似笑着
伴着四月花开的影子蹦跳

它们没有等待我

又是一片片的秋叶飘落
又是一阵阵的秋风吹过

走在回到家乡的路上
熟了的玉米躺在路上

它们没有问候我
它们没有等待我

因为成长的是一定要成长
因为成熟的是一定要成熟

无论是谁在远方
一切也不会停留

就是这样的一年年
就是这样的一代代

岁月悄悄地更新着一寸寸的肌肤
时间悄悄地将生命一点点地带走

请留一下脚步吧
秋天,请为这个美好的时代留一下吧

天荒地老
——送给我的爱人

我们结婚十年了
此刻
我躺在床上
你躺在我的身边
仿佛
还是刚做新娘的我
和刚做新郎的你

如果就是这样
相依着
温暖地
并排而卧
即使是在黑暗的墓地
我也能
笑得出声

就这样的吧
活一个天荒地老
十指相握
用无尽的爱
包裹着我们的身体
诠释
另一种永远的永恒

我不知道你的名字却知道你的故事

——致11月18日“聚福缘”公寓

我们不停地翻弄着这场燃烧前的回忆
却总也找不到那条飞往天堂的通道
没有你的时间
我已慢慢度过绝望
已经不再不分昼夜地感伤

我不知道你的名字
却知道你的故事
让我们在孤单中把寂寞熬干
化成一股刚毅的力量
用这个新年的心情继写新冬天

那些还在咬牙坚持的北漂人
那些还在沉醉他乡的梦里人
请让我们用迷途的思念
祭奠这个身体再也留不下来的城市
和心中再也装不满的家乡

今夜，我要写下最冰最烫的诗句
只为心疼远方路上
你和你们的选择离开
请记住，时间留不住的
你该流着泪但也笑着放过最久的坚持

离开这繁华气盛年轻的街道
要记得她和北京的微笑
记得拥挤的地铁站台
记得公寓的温馨
最后，一定要记得平安到家

一转身
淡淡的愁绪，浓浓的寂寞
我们正在彼此天涯
越来越远
最亲爱的朋友，再见了

这一次，上天会被我们的爱所感动
会为我们接上断掉的翅膀再起航
当阳光刺伤你眼眸的那一刻
请记得依旧固执地说
我爱你，这个美好的世界和生活

把那一颗忧虑且被折磨的心抛弃吧
如果心中还有无眠的思念
就把它们统统都用漫天的大雪掩埋
因为这世间的余生还有很久很长
还能不顾一切地活一场

最亲爱的朋友，记得通过微信或者邮箱
掐取一段你的转角故事跟我分享
我将永远存一个特别的位置
装一个特别的你
用最灿烂的活着伴你勇敢成长

我的村庄

很远的地方，有我的村庄
它是我的日记
锁着我所有所有的秘密

在我的村庄
我才会做安静的自己
走着一段或长或短的路程

每当我行走在城市的街头
努力地寻找我的真诚
就是我渴望有个能够倾诉的心灵

这时，只有选择回到我的村庄
我才能放下一切，想起
属于我的生长和璀璨

在这个遥远的冬日下午
终于有了很多很多的空闲
我看到，母亲在胡同口等我

远远地，朦胧中
她像我儿时中的年轻，从袅袅炊烟里
起身，笑着温和着我的陌生

陪母亲走到院里
母亲最爱养的水仙，在客厅
努着劲儿地长着儿

几天后，我离开了它们
走时，我俯下身子亲吻
感到有一颗泪水滴在手心

我村庄里的那些深深浅浅的记忆呀
在我今天的梦里
有时微笑，有时哭泣

一页页记载着逝去的过往
和曾经的丝丝屡屡
它撕扯着我浮躁的灵魂
那些无数的相遇和别离
那些不舍与无奈，期待和爱
深深地浓浓地潜伏在我的心底

想你，我的村庄
还有那些如梦如烟的旧事
和走远了很久很久的从前——

我回来了

在这个晚秋
我坐着山下的拖拉机
回家，婉婉蜒蜒
路还是那样地曲曲折折

在山涧中
我喊着“我回来了”
万物没有回应我
我知道，你们生气了

是的，穿着伪劣的“城市山寨服”
我回来晚了
在这个晚秋的季节
庄稼都已经熟透

它们深深地弯着瘦腰
涨着了最红的脸
我知道
它们责怪我没有在它熟透之前欣赏它

打工的岁月是最让人难已忽略的时光
此起彼伏的呼噜声在工棚里
我的梦只有在沙石中
繁衍着颜色

最重的体力考验着我对城市的耐心
我努力挣扎在每一道难关
在让人难熬的夜晚
我站在立交桥唱最土的跑调的流行歌

他们在来去的路途上
看着我们，一群进城的农民工
我矗立着如一尊泥塑
供应需要肥料的金丝小鸟

看到了摩登的女郎
开着我不知道名字的汽车
我的魂儿便被那一溜烟的尾气带走
迷恋着这里的楼楼路路

城市不是我最终的根
漂泊只能让我的双脚越来越轻
回家的步伐越迈越迈快
在拖拉机里，我喊着‘我回来了’

没有挣得金山银山
没有风光无限
曾随我离家时的布袄，又破旧了一些
但它仍然在我的身边

我咆哮着，奔腾着

这冷冷的风
这料峭寒瑟的空气
这一颗静静跳动的心
却汹涌着
似海潮般地
想念

想念——
家乡不知名的花香
想念——
你，你们在我的身旁
想念，它
由微弱变得强烈

在天的那一边
我放荡了我的思绪
我放荡了堆积已久的忧伤
我不愿再抑制
我咆哮着，奔腾着
冲回老家的足迹

我是一颗远行的葡萄

我是一颗远行的葡萄
只在故乡欢庆的季节回家
只在母亲叨唠想念的日子回家

我是一颗远行的葡萄
在挣脱青枝翠叶的束缚间慌乱
在低于地面八米的酒牢酝酿甘甜

我是一颗远行的葡萄
游走于喧嚣浮躁的城市上空
以心灵的吟唱抹去昨日里的尘埃

请原谅我依然决定跋涉的步伐
心虽如藤条般纠缠的难受
绚梦却永远萦绕在金秋的葡萄园下

在寻觅更悠远的生命路上
在告别了二十年来生活的土壤
你依然用温暖的种子为我种植力量

噙着泪水融入这场葡萄的盛宴
听新鲜成熟的葡萄酒杯狂欢
最后我将化为一滴你舌尖上的干红

注：此诗献给我的家乡密云县张裕爱斐堡第四届葡萄酒文化艺术节

我是一片秋叶

我是一片秋叶
我多么不想离开您，大树母亲
但是经过了春，经过了夏
经过了暴雨，经过了阳光
在这个最美好的季节
我长大了，成熟了
是您，大树母亲
断开了我生命的脐带
让我尽情飞舞
在向下的空间里展现
完成，我这一生最辉煌的时刻

我是一片秋叶
轻得如一丝鸿毛，淡淡的颜色
引不起任何人对它的关注
我在开花的季节是绿色
我在结果的季节是黄色
在浪漫的爱情故事里，我是插曲
在忧愁的岁月里，我是一小段一小段
被人遗弃的眼泪
我的快乐是寒风的伴奏带
我就是我
在告诉走近的秋冬
我只是一片得意的高傲的自信的秋叶

我远方的母亲

我远方的母亲
你是被岁月吹得急速旋转的风车
架在田间嘎嘎地闷响着
在电话线的那一头
却从来不说一声
流浪的孩子，我想你

我远方的母亲
普通平凡的就像一滴细雨
她把满身温和的芳香
深深地渗入自己孩子的土地
没有任何空落的怨言
且全心地欢喜

我远方的母亲
她把自己比喻成家门上的铁锁
廉价又忠诚地守候着老屋
不，我远方的母亲
你是孩子心中无价的珍珠
因为有母亲在的地方就有全部

我在等年

透着一种似曾熟悉的味道
我随手翻开一本泛黄的日记
那些流逝的日子
仿若梦里
青春，就这样地渐行渐远

那遥远处即将敲响的钟声
那弥漫在寒冬腊月里
散发着浓烈年味的空气
让我的追思
像红烛的摇曳，默念祈祷

我在等年
我想摆一场丰盛的晚宴
在不断上演和谢幕的故事中
期待成为主角
让我的生命色彩，更加浓烈繁华

岁末的这一整天
我将静坐于窗台前
等你隐约地模糊地向我走来
回旋着朝霞与夕阳的祝福
驶向人生旅程的每个年

献给2012

时间像北京下的最后一场雪
即将把2012年的12月31日凝固
远去的日子随风飘飘
青春便融化在这些成为永恒的影象里

我——
是在哪一片土地滋长起来的孩子
是在哪一个季节盛开的花朵
晨起的梦中，有谁的神色

我——
希望、盼望、愿望、渴望
那些还在生命中漂泊的人
把快乐种植进新的春天

给海子

你说
在春天
会有十个海子全都复活
于是,我
便在这个黄昏
等你来喊我
化为你的思念的妻子们

今天是你的忌日
我深深地爱了你一整天
用什么样的礼物送你
最后,才
在这万里晴朗的日子里
写下这首诗
寄往你去的天堂

你经历了一场
隆重而热烈的的花开春暖
每次遇见
都拥有忘不掉的怀念
在这无穷无尽的灾难中
看似决裂
却成为了极端的经典的梦幻

那些吟唱的海誓山盟
在转过街角后
被人遗忘
所以,你找不到爱与情的灵感
才这样慌慌张张地
留下了这个值得纪念的日子
和更多的生活沦陷

思念着一个人
这一天
我只想爱上一个海子
一位写诗的男人
或者是翻开他的诗集
带我去欲望燃烧的山海关
臆想着，为情而死

一个孩子喊爸爸

一大片的楼群
高高的脚手架上
有一大片忙碌的身影

一大片建筑工地的旁边
有一个三岁的男孩
他大声地喊着“爸爸”

那些忙碌的男人侧过身来
凝神注视着楼下的小孩
风在那一刻都很安静

没有人回应小孩的叫喊
但所有的男人都想着回答
稚嫩的声音敲打着坚硬的心

一个喜欢做梦的女性

生活
总是在午夜时分
味道才浓

脑细胞
在这一时间段
分裂得
相当旺盛

写诗
就是记录我的人生

没有心里话
也就是与心对话的过程

读得清
读得懂
读得糊涂

读得十天一句叹声
读得一年一语无惊
读得一生
却读不完一生

这个世界，有人睡得多晚
就有人起得多晚
有多晚睡觉
就会有人多晚起床

是谁，总将晨曦的梦境
清晰完成
却在醒过来后
没有完整

这是人生
这是生命
这是
一个喜欢做梦的女性

一粒花种子

是我把你从老家带到这座城市
没有我在家乡的日子里
你曾是老妈另一个心爱的女儿
我想，我要对你这个小妹妹好一点

老妈对我说你的名字时，很好听
坐了十几个小时火车之后，我忘却了
精心地把你放在我租来的小屋窗前
盼着，盼着，你在这个春天开花

你始终在塑料的花盆中沉沉睡着
连躺在床上幻梦的我仿佛都开始发芽
你听，老家带来的花种子
我的腿在拔节，硬生生地驻扎进城

你知道吗？睡觉的花种子
我想来这里，即便满身碰撞着疼痛
即便我在这里长成一颗杂草
也觉得身上流淌着城市的荒芜

一株羽化了的隐身仙草儿

什么时候，你在我的世界里
化作了一滴苦涩的露珠

在骄阳的暴晒下，隐藏了
心中那一层一层的痛与饥饿

在我出生的那一刻，你沾了
多少希望的力量将血与火分割

那一双沉重的桎梏，带来幸福
也带给你一生抹不掉的残缺

不敢声轻喊你，不敢盼你回来
也许在我饮泣的晚上，你
如一株羽化了的隐身仙草儿
在我身边，在我的眼前

永远的情人

都说，女儿是爸爸的小情人
这一世，我来了
在寒冷且黑暗的夜晚
来找寻最最相爱的我们

你是一定见到过我的赤裸全身
用嘴唇用胡子用眼神
用双手用全部的灵与魂
用力地爱过

这些，都是我的想象
这些，都是我在别人的梦里
偷过来的美好
因为，在我的记忆里找不到

也许，你化作了我的天空
我的星星，我的月亮
我的太阳
我的一切

也许，你已化成了四季的风
轻轻地抚摸我的长发
只是，我只在今天才有点想你
爸爸

记得来生
还我一个拥抱
还我一个长长的拥抱
记得我是你永远的情人

永远最棒的小鱼

雪下停了
风还没有停
气温是这么的低
我对你的想念却是这么的强烈
似火
似那狂吠的风

如果
生命是海上飘荡的片片小船
我愿你的船
永远迎着旭日起航

如果
你是海中最小的鱼
我愿你躲过每一次危险

我坐在岸边
看你航行的白线

我坐在岸边
看你小小的鱼鳞片被阳光折射成
最美丽的一条小鱼
我眼中
永远最棒的小鱼

有一段时光

有一段时光
我总爱默默地回忆
回忆那个爱哭泣的童年
回忆那个长不大的“小女生”
然后，在忍不住的笑声里
俯瞰这个让人震颤的世界

长大了，忙碌了
甚至有时候，忘记了付出与努力
是为了追求什么
想哭时却总坚持着对别人展示坚强
看不进去书依然坚持看完
在这个丰富多彩的世界
便一种用沉迷的时光唤着快乐
用一丝快乐寻求充满喜悦的阳光

不快乐是生活的常态
在平凡的日子里懂得拆分自己
带着对爱与被爱的渴望
在狂喜与忧伤中给予
您就能看到想象的天空
闪闪发光

雨

雨后放晴的天空
没有一点瑕疵
我喜欢
它的清新
它的纯净动人

我用我的方式
记录一份雨后的快乐
看叶上残留的雨珠
看它轻盈滑落
顿时，心便打开了

我会固执地认为
雨后的湛蓝
会幻化出童年的记忆
有一种跳的跃动和
和着稀泥的轻松

在飞梭的日子中
忙碌的心
蒙上了
清澈双眸时
就愿天空来场大雨

远去的日子

时光如水，流淌成一条小河
青春的追忆在不经意间
又悄悄地印刻了三百六十五天

细数着那些平常和不平常的日子
把感动与报答装入生活的行囊
来抵御梦中的蚀骨严寒

远去的日子里，步履蹒跚
唯有心灵的文字流出来的拯救
使眷恋的心灵寻得温暖

那云淡风轻的暗色殇意
经过时间沉淀下来的成熟
溜过指尖，渐渐游弋在丛林间

感动阳光下熠熠闪烁的世界
未来，徜徉在自己编织的路上
在花开的春天，萌动着

再回望

给一张白纸，我们能做什么
我写下诗句，或留下几道印痕
生活还能继续成昨天，还是未来
没有答案的考场却在烤问良心

不解的风情，不起舞的飘动
如果迷惑不仅仅是全部的岁月
清晰的绿色，青翠的清晨
我们将拿什么忧郁的心情写诗歌

有人总想要未来的梦想
未来却像一段永远也听不清的恋爱
有点甜，有点伤感地吸引着
向往他的世间凡人

这个七月的热浪
像每年的雨季一样奔在天空
烦躁困扰着被激起水滴的心湖
荡漾着并不是嘴角的苦笑

数着酷暑，将它一天天熬过去
孩子们却享受着他们自由的假期
鱼儿享受着它们的凉爽
我们该在KTV中K歌而行

满面的汗和着满面的泪
阳光下挚真挚热挚诚的青春闪着光
鲜艳，欲滴的欲望
在这个都市的午夜徘徊，再回望

在这个美丽的季节

相信世界还有泪
还有流不尽的泪水
相信人间还有情
还有扯不断的亲情

天地间的风风雨雨
它是一个故事
故事里有我　有你　还将有他

在这个美丽的季节
我们寻求着雪儿一般的童话
懂得了你的爱
就懂得了那爱的火热
懂得了你的苦
就懂得了那苦的血色

世界间的爱爱恨恨
它是一段颂歌
歌唱着你　歌唱着他　也将歌唱我
歌唱吧，我们只歌唱
这人间的幸福时刻

在自己的世界里活一个地老天荒

下了一个白天又加一个傍晚
凉凉的秋雨
许是你会错了夏天的意图
趁它还没有走远
便淅淅沥沥地散落在这些花圃之间

芙蓉花也会哭，你晓得
荷叶上滚动的泪珠，静静地积攒
在你来看望它的时候
同你的慌乱
在河水里消退下一点点的思念

夏虫还是寂寞的言语
却不在它的工地守候你回家的脚步声
你若想它，便尽情去想
用枯黄的野草做证
用初秋的细雨串连成一个小小礼物

泥土肯定在这样的天气亲吻你的鞋子
不要去理会它的热情
最凉的雨也是露水的凝聚
不要浪费它的心意
在自己的世界里活一个地老天荒

这就是我父亲的两只手

伸出一只长满老茧的手
扶住地

仰起头
用另一只布满皱纹的手
撑起天

这就是
我父亲的两只手

正方形的太阳

从幼儿园接儿子回家，在路上
我问儿子：从幼儿园里学会了什么？
他说：妈妈，我学会了圆形和方形的区别。
是什么区别？我故意问。
他说，在一条线上，圆形比方形行驶速度快。
哦！我郑重地点了点头。

回到家中，站在饭桌前
儿子接着说：妈妈，我要给你画一幅画。
好啊，画吧。孩子！
我用欣喜的目光鼓励儿子。

一会儿，儿子给我画好了。
我看到，儿子画了一个正方形的太阳。
我感到奇怪。
孩子，为什么太阳是正方形的？

儿子回答我：妈妈，我喜欢白天更多一些。
为什么呢？我不解地问。
这样，我就能跟妈妈多玩一会儿。
儿子平静地回答我。

我看到一双睁着净得如水的眸子。
我有点小小地感动。
最后，还是抑制不住地深深被感动。
好可爱的孩子，他那颗天使般的心。
在一个孩子的童话世界里，
妈妈支持你，太阳可以是正方形！

友情篇

不懂，我不懂

像聆听一件从月球上降至的怪兽
叙述着他经历地球到月亮之旅的感受
他也许说得清清楚楚——明明白白
而呆坐在天堂的小鸟们　　却
眨着两只明净的眼睛说：不懂

翻译官在寻追的动作中竭诚服务
甚至让那精彩的人像叶儿褪色变枯
一个个怪异的符号串联在了一起
也如一串串问号挂满了一屏幕
小鸟们还是扑打着未丰满的翅膀
叽叽喳喳地叫着：不懂，我不懂

不要让青春的颜色脱落

——送给玉树

没有安慰的红色
没有安全的绿色
没有，甚至点缀一丝自卑的灰色
也没有能留住需要倾诉的青春脚步

梦，在黑暗里哭泣得无助
爱，被死神的喘息仪式牵引歧途
跳跃，虽不是最完美的永远定格
却是悲剧的正式落幕

16岁的女孩，最心爱的呵护
面对遥远广阔的黑色浓度
面对寂寞土壤的笑容
你真舍得在那一刻加快奔流的速度

17岁的男孩，最具活力的身躯
热腾的血液消耗在冰冷的河水里
僵硬的不应当是魂灵
快融化吧，快回到这个还有寒风的天空

生命是我们的，也不是我们的
无论是什么理由将曼妙的青春带走
都会有残余的泪，都会有
悼念的记忆投射在苍白的路程

动荡的心灵接受了刺耳的摇滚
尖锐的叫声预演着现实生活的不平衡
儿时的秋千在秋季的落叶中飘不回来了
即使世界全部褪了颜色
也不要，也不要让青春的颜色脱落

当我们软弱时

当我们软弱时
年轻的我们能够做些什么
是坐在长椅上悲愤地想念人生
还是坐在蜂拥的人群中
申请上帝复活那一天的通行

蓝天变色是谁的错
白云是否还能以手的姿态托住神圣
洁白的再现
光荣的洗礼生命
出水就成了一道另类芙蓉

当我们软弱时
我们该寻求如何的解决之道
是生存还是死亡
成了一个哈姆雷特的传世问题
值得更加年轻的我们思考

点燃书香

知道吗?
在漫无边际的黑夜
如果你的灵魂
被沉默裹胁
就请把目光
投向书的世界

点燃一瓣书香
就点燃了一程生命

被书香照亮的路
似阳光穿越过荒芜

为别人点燃
也为自己的幸福

读了一个荒诞诗人的诗

读了一个荒诞诗人写的诗之后
半夜睡觉的时候，我突然梦醒过来
我想起了他的最难接受的诗句
他说，喜欢吃一个苍蝇
喜爱那种滑到胃中油腻腻的感觉
我的心中仿佛有一只苍蝇钻了进去
它在我的胃中嗡嗡地折磨我的渺茫灵魂

还有一片树叶在挣扎

还有一片树叶在挣扎
在这个刮着五级大风的下午

它失去了苍翠的自豪
在寒冷中摇曳，发出沙沙的呜鸣

树枝裸露着自己的骨头
用棱角装饰着冬天的风景

还有人需要树叶的坚强吗
还有人需要树叶的忘我坚持吗

它早已失去空中的潇洒风姿
用生命最后的美丽演绎人生的悲壮

几度春秋，总是挡不住的泛黄瘦弱
多少朦胧心事，在哀叹中纵横

黄昏

太阳已经停下了攀爬的脚步
你为何还在这样凉爽的晚上匆忙
停一停，静一静，把心放松
将这个盛夏当作我们又一年的春天

在生存与职场的风雪云雾间鏖战
身心被滔滔浊流的浪嘲笑激怒
人生的路线像破折号高低不平的起伏
打垮的你不是世界，是心壁里的那层厚茧

让我们一起欣赏黄昏吧，寻找
深深夜里的那份唯一的真情
迷离的眼睛快用最后的太阳洗一洗
脸上浮现那个甜美的笑容像春阳一样温暖照人

荆棘鸟儿

心受了无法愈合的伤
血水流出老长老长
歌儿在歌喉出奇地动听
连最遥远的人听后都会感动

每一个忧愁的琴声和
流血的旅程
都是荆棘鸟生命中
一道绚丽多彩的风景

奔波的大海无法风平浪静
扬帆独行的小船儿
在阳光的伴随下
我们依旧慷慨前行

像一只荆棘鸟儿
受的伤越重
漂泊的歌儿越会动听
生命如此这般才叫生命

菊花

在悄然的落叶中
你，昂起了高贵的头
将最美的风采
献给丰收的世界

花儿开始谢了
你却挣扎在另一种美上
白色的霜粉扑满了你的脸
没有将你的妩媚阻挡

一丝一丝的花瓣
是你对未来一线一线的企盼
一双金色的大眼睛
闪烁着秋的新闻

据说据说

据说，有一种洁白是任凭什么样式的颜色也污染不了
据说，有一种神圣是用什么权欲都无法拉拢
据说，有一种爱情是永远无法长落人间的精灵
据说，有一种生活是换个皇帝也不当的事情

据说，有一种女人终生暗恋着孩子的眼睛
据说，儿童的眼神看得到世界上曾经存在过的任何
蛛丝
据说，有一种男人终生盼望着太阳的升腾
据说，太阳升起的时候阳光最适宜人们的生活

我曾坐着孔子的三驾马车路过
看到一个在树荫下晾晒胡须的长者
我曾站在那个万人瞩目的舞台
挥动的手仿佛是霓虹也仿佛是叫声

我曾在周游列国的旅途上徘徊
寻遇着让人膜拜的新生一代
我好像找到了答案也好像在海上迷惘
前方的那个金色的灯塔一闪一亮

空寂的落叶

马路上，大片的枯黄落叶
被风儿吹翻了身子
和着轻柔的雪，铺向通往冬天的方向

它们，在我的脚边，旋转着凝结
仿佛在放映，从春到秋
这唯一的生命历程

我裸着足，弯着腰
祈祷整个冬天的雪在我的手心飞舞
不要把空寂的落叶掩埋

在这个秋冬交际的时节
天地之间的任何角落
落叶弥漫

绿色的昌平

我不想再用速成的文字
呼喊你疲乏的耳朵

在清新的空气中
我们需要灵魂上的畅通

今天的诗歌
也将是蘸满幽香的绿色

闭上眼睛，想象
我们的长城、十三陵

在俊美的夕阳余晖下
烟雾缠绵，山水含情

雍容的城镇
用跳动的温泉滋润着生灵

感悟，地域特色的浓郁
分享，绮丽的风景

因一座后花园的美丽极致
忘却了回家的路程

保护它今天的环境
不要再截断朝气蓬勃的
生命

在色彩斑斓的油画布面上
绘成我们生活的潋滟

我爱你，绿色的风
——绿色的昌平

每个中国人都可能成为战士

当纷飞的落叶
在天空与大地之间
开始渐变出衰竭的色彩时
古老的参天大树
以它永不言变得安静
沉默地对待
那些舞动中莫明地狂躁

此刻，有一块海
一个叫钓鱼岛的地方
遭遇着一场意外
在岁月的深处渗淌着悲痛
呼唤着每一个炎黄子孙
来捍卫它的心灵
不被从梦想的树上掉下来

对绿色衣裳的渴望
就是成为一个勇敢者的梦想
每个中国人都可能成为战士

浅夏中的最美
——送给最美的司机吴斌

这条高速
在你走了之后
凝香成一种最宁静的美丽

你生命的最后76秒
因平凡的坚守
让时光也旧旧的化成一股思念

浅夏中的最美一朵小花
开了又谢了
身影却在这座城市停下

如果下辈子还能遇见

——送给嘉宾王爱平

今夜
有谁，为你失眠了
在潸然泪下的心中挥不去
你诗意的一生

心茫然，也许这一生
你的使命
就是用生命
写出铿锵美丽的诗句

那些文字
打磨着玫瑰的爱情与绽放
赞美着小鸟的飞翔和坚强
在苦难中寻找撕裂的力量

但这些也不是最重要的
最重要的，是那颗心
相信“这个世界上一定会有真爱”
它穿越陌生让我悲伤

如果下辈子还能遇见
我还要把你最擅长的诗歌分享
告诉这个世界
有诗的生命是一抹晶莹剔透的阳光

如果拥有一块石头

如果拥有一块石头
在你的手中
你准备做些什么
——是细心地把它雕刻成礼物
送给至爱的亲人
——还是用力打破动车的玻璃
抢救出
渐渐沉默了的人群

如果有一刻钟的时间可以交流
你的手机和微博记录下什么
送出祝福
或者将轻声的喘息
保存在宽阔又拥挤的天空
走好，我的朋友
在天堂里记得不要再买动车的车票

也许，雷雨是一次无心之过
也许，发明创造中也有一丝的疏忽
也许，你还会回来
也许，你用意外的离开震撼了迷茫的云团
激起雷电吧，用你已经冰凉的心
拥抱，热爱，享受
每一天每一时刻的生活

弱者之光

黑夜里
我用键盘敲击着理想
不眠工地上的男人们
用沙土和石子堆砌着生活

凌晨三点
隔壁的邻居去批发菜市场
泛出鱼肚白的早晨
第一班公交师傅开车上路

行走的清晨是凌乱和繁忙
在九点之前
准备工作的人群
寻梦者居多

在这微弱的光中
虽然温度不强
却在聚集着一股力量

树叶与小草

树叶说：
我很享受这种高高在上飘扬的感觉
阳光可以直接照耀着我的衣裳
被一条枝节托起
不用力量，不用吸取
满眼都是来自最深层泥土的向往

小草说：
我是我心中的一棵树
虽没有树的形象，却有树的影子
我爱泥土的芬芳，更爱它黑色的忧伤
跟它最近最亲的距离
就是被它拥抱，也在它的胸前独立

秋天的阵阵寒风
不会因为树叶和小草的争吵而停止脚步

树叶被吹落了
最粗壮的枝桠也保存不住它的向下飞舞
在向下一段一段的飘荡中
它翠绿的颜色羞愧着，变成了红色

小草被吹黄了
头向地面深深地弯着腰
它失去了树的影子
被变黄的树叶盖在了头上

在这最初的亲密接触时
树叶发现，小草发现
它们都不是自己，它们是春夏的点缀
是大自然抒写的诗句中一个逗号或者停顿

树枝的风度

阳光射进我还未睁开眼的头顶时
一只嗡嗡乱飞乱叫的苍蝇
就开始在它的舞台上疯狂蝶舞
它展示了烦躁
有些吵闹
却比有些美妙树枝的背影，还好

美妙的树枝长在最高的地带
自然影子占用的土地
也是多人一块

没有那么高的风度
风儿，就将它们吹下来吧

思绪像一匹烈性的骏马

在一条街上漫步时
思绪像一匹烈性的骏马
纵情驰骋在遥远的大草原中
它在萋萋绿草上咆哮
它在断壁残垣上跳跃
它把我带到百年前的梦境

一片废墟古旧的城邑
蓝天如烟如雾弥漫着我的世界
穿越几缕清透，我看见
石头与石头的缝隙处
野花摇曳着流逝的历史

无名的花朵呈抛物线状
姹紫嫣红地芳香盛开
在色彩极限的繁华故事里
听啁啾的生命之声
我伸张着两臂，缅怀枷锁的风光

街上的一辆迅速行驶的汽车
将我挟回今天的喧嚣时代
摸摸我飞走的胸膛
里面有一条热诚的血液河流
奔泻在奇异粗犷的大地
一声沉闷的寺庙钟鸣像幽灵敲响

他们的回忆

一家临街的老店铺
不大
但很干净

老板是个北京人
在这里
他只经营
延吉冷面的生意

一群跨进60后的伙计
工作之余
却只好这家冷面的味道

哪怕没有座位
或者
端着牛肉
端着面
蹲在店铺外的墙根
也觉得舒坦

在面条碰到舌头的瞬间
青春也仿佛回来

回到15岁的夏天中午
回到16岁的放学铃声
为一碗延吉冷面
对老师
对家长
对心仪的她
努力表现

毕业了
离开学校
却离不开这家延吉冷面馆
隔三岔五
就想
就馋

午夜的十点
灯火辉煌
老板没有打烊
他和吃面的红男绿女
静静地听
他们的回忆

太阳老了

太阳老了
光已照射不到更深邃的远方

太阳老了
昏沉的样子显现出暮影

太阳老了
迟钝的它升起升落时更缓更慢

太阳还是一样的太阳
它什么也没有改变
空气中太多飞扬的尘埃
它也变得默默无言

土地的记忆

此刻，我手捧细尘
走在这片静寂的黄土山岗
随处可见的鸟语花香和
婀娜多姿的松柏
思绪被拉到那个红色年代

我步伐的悄无声息
伴随着土地散发的沉默
那段镂刻在心扉的记忆
疼疼的，使沉睡中的铁骨
微微抖颤

我踏入了它激流搏击的旧梦
在黄土地的碎尘里
狂风暴雨的怒吼
就是那无数个厮杀的黄昏过后
收获胜利的红旗呐喊

在厚重的历史中翻阅着
黄土地是骄傲的母亲
疲惫的战士躺在它的怀里
鲜血点缀着峥嵘岁月的色泽
无数无数的热血涌动

生活不能尘封赤脚行走的背影
那些壮壮烈烈的英雄之声
继续传颂的传说
阳光下，一种色彩铿锵
我们永远不能忘却伟岸的笑容

土壤

在这片热情的土壤
我们——
用青春做一把铁锹
把昨天和明天的种子埋藏

尘封了清晨的记忆
忘掉了黄昏的悲伤
这是今天风雨同舟的经历
没有彩虹，却同样漂亮

不要总是纠结于昨夜的月光
错过了——
每一时每一刻的欢乐
和每一分每一秒的微笑

我会选择定时

在电风扇上
在空调遥控器上
在一切可以定时的机器上
我会选择定时

所有的一切程序
会按照人们的意愿进行

在该开的时候启动
在该关的时候停止
在该到来的时候来临
在该逃避的时候溜走

一切都可以定时吗?
我觉得
唯独有一样东西
我们无法操控它

它不能停止不前
它也不能倒退一步
在喜怒哀乐的表情中
它依然不紧不慢

它是什么?
聪明的你我
已经猜到了
是的，是时间

新年来临了
我们将它定时住吧
那是绝对不可能的
因为转瞬即逝过去

我来过，我真的很乖

——送给那个远行的小姑娘

我穿了妈妈给买的红色皮
鞋和白色袜子
我穿了姑姑给买的白色红
色相间的裙子
我穿过了所有好心人的
爱心

带着所有的爱和所有的
不舍
我飞翔了
飞得一定会很高
因为
有你们
那么多地爱我的好心人

我是笑的孩子
虽然泪水也曾经从脸庞悄
悄划落
我是幸运的孩子
虽然病魔在我幼小的身体

我会乖
一定非常听话的好女孩
这里阳光　空气　人群
我都喜欢

真的不舍不舍
离开
却又飞走
也许我真是大家说的天使
这个世界
我来过
我很乖

我迷恋你三月的春风

三月的春风
还有点冷
一切，还没有绿
但空气
却和畅起来
清清新新的

我迷恋你三月的春风
你会让凋谢的花
重新绽开笑容
你融融的手
握着我
在春天里荡漾

我是精灵

不知什么时候，我的诗歌
从人间飞腾，迷惘中
只有我一个人明白午夜的钟声
和草丛间的热闹虫鸣

在睡梦的翻转云彩中
一声疼醒，一段陈年的旧痛
几句不知所语的断章
成全了我一段过往的人生

我是精灵，但愿我不是遗落在人间
是爱神将我放在这里体验
用美好忘记失忆的青春
用淡薄的颜色描摹未来的路程

我喜欢空白的一切

天空空白一片
等待白云去装饰
大海空白一片
等待海鸟去陪伴

人生开始的时候
也是空白一片

虚无缥缈的世界
等待着你和我
去给空白的人生空间
画上各种色彩的插图

我喜欢空白的一切
我愿用
大大小小
长长短短的人生
去抒写生命的旅程

我要我变得坚强

往日的我
也曾有过淡淡的失落
往日的我
也遇到过小小的挫折

现如今的我啊
生命中还继续拥有坎坷
可是，我要我变得坚强
我要我自己微笑
面对每一时每一刻

微笑会使失落的心
像风儿一样吹过
微笑会让挫折的心灵之河
减少波涛和曲折

所以，无论是现在
还是未来
勇敢的不服输的我们
永远记住，微笑面对生活

我只能对孤独和寂寞倾诉

春风吹动，我是一片飘不起的叶子
因为离开大树太久太远了
我眷恋着，那清清雅雅幽幽地香

春风吹动，我丝绸一般长长的头发
它像你的思念，温暖着我的心
忘记了在那个寒冷的夜晚的记忆

春风吹着我的步伐，我走着
走到了一条无人知道与相伴的小路
我只能对孤独和寂寞倾诉

我只想用一首诗记录我的记忆

在这个世界上
也许什么都不重要

因为总会有人记得
也总会有人要把你忘掉

还要动用什么感情
需要我们用一辈子缅怀和铭记

还要经历什么磨难
才能感受和体会

八月
南口战役打响了

那一群
在南口山上牺牲的中国军人

他们曾经的存在与过去
没有葬礼

我不仅仅是想念
我只想用一首诗记录我的记忆

很平凡
很简单

在这个世界
只占得一个很小的很小的角落

我最喜爱春天和秋天

在一年四季中
我最喜爱春天和秋天

冬天太冷了
虽然有雪的点缀
但是那怒吼的狂风
一直让我摇摇摆摆的心
站立不定
它们一瓣一片地
洒在我的身上
弄湿了我的美丽

夏天太热了
热得连喘口气都仿佛
是在挽救生活
汗水是雨水的流量
成堆成缕地爬着
飘不起来的裙摆
像谢了的枯花
紧紧地贴着好看的大腿

在一年四季中
我最喜爱春天和秋天了
它们就像是恋爱和分手
永远有一支歌唱不断

握手，读书的你们

总在不经意间
春天就来了

握手，在春风里
读书的你们

绽放的绿色
为春天增添光彩

读书的你们
为世界谱写画卷

无论何时何地，不要忘记

无论何时何地，不要忘记
寻找生活的点滴感动

也许一朵菊花的开放，都能
染红我们寂寞的芳心

也许一缕田间的荒芜，都会
沁香我们平淡的生活

喜欢青春的火热

喜欢青春的火热
便一直抓住青春的大手
即使托得身下热血流淌
也要大声地说
我要年轻的生命

是生命的长度和宽广
还不太足够长久
在没有品味
最全的葡萄美酒之前
我不打算
向衰退的路程倒车

是否还有真正的力量
是否还有真正的力气
可以让我在我的世界里
任意大笑，或者哭泣
不放手，我的青春日历
不往下翻阅，也不去翻译

写作是一种毒

写作是一种毒
想不起，是哪一年
自己开始用文字记录心情

我感叹着四季的变化
热情的阳光
我爱世界和我的生活

坐在开满野花的草原
定格热闹的日子
把自己的寂寞写成别人的

心里空虚得有些发疯

中午的时候，一个人坐在空旷的郊外
四周很静很静，特别的静
只有我一个人微小的喘息声音
那一刻，我觉得全世界都是我的

拥有了一切，心里空虚的有些发疯
无意间，看到一片变幻诡异的云
似乎让我懂得了命运是什么

云朵调弄太阳的样子像一个故事
演唱着火一样的伪善长歌
我也学着它，在这里赤裸裸

心灵的地球

心灵的地球
你说，它有多大
它就会有多大

心灵的地球
你说，让它静止停留
但它却总是不停地不停地旋转

心灵的地球
你说，让它动摇起来
摇散失落，但它却摇不散伤心的记忆

你我他，心中的地球
在生命与死亡的两头徘徊
终点永是化成一捧尘土

心灵的地球
不转动的时候
就用手晃晃

心灵的地球
旋转不休的时候
就摸摸良心，说它还热，还在我的胸口

心是一片云

在晴朗的日子
我爱现在
在忧郁伤心的季节
我爱做梦

心是一片云
飘浮不定
形态万千
会随一切一切改变

但是
云的本质
纯洁的心
我永远不变

盐的语言

盐说：并不是我愿意很涩很咸
只是因为喜欢追根的人
将我提炼的
太纯　太晶莹

世界就是复杂多样的世界
硬要将它剖开看的人
等待你的是
空虚和浓重的咸味

人的外表永远是华丽的外衣
人们啊　千万莫脱去
因为空间缺少了色彩的点缀
芒香馥郁也将会失去

心中流淌的是黑色的血液
一切都将不再有好奇
盐说：我不是愿意使你流泪
我应该融汇在大海里

阳光是什么

阳光是什么
阳光是一只站在郁金香枝头的小鸟
清晨　薄雾里一声脆色的鸟啼
将梦中的地球惊醒

阳光是什么
阳光是赶走月亮和星星的皮鞭子
我们是拿鞭子的赶路人
为了前行　我们挥去夜影

阳光是什么
阳光将是我们
我们站在一起　组成一个太阳
放射心中的光把每一个黑夜角落照亮

也许在城市人的眼里

也许在城市人的眼里
我们，进城的农民工是最脏的
也许在城市的生活中
我们，是最渺小的角落生活者
也许在城市的宽阔道路上
我们，行走的速度是跟不上时代节拍的
也许在城市的文明素质礼仪上
我们，可能讲了最粗鲁的家乡骂口话
也许在城市的那一块块方砖里
我们，只有汗水最终在这里留下

我们是强大的人群
我们是前行前进的队伍
在进军城市的旅途火车站内
最拥挤的，一定是我们
但我们也是最强壮的
最有力量的
因为那些城市边缘的工作
只有我们站在那里
身体被冻着
心被冷着

一个平凡的女人
——献给革命女烈士

一个平凡女人的伟大
在于她的坚强
她的勇敢
她永远不变的信念

在死亡
走近她汹涌鲜红的生命时
她是安详的
她将自己打扮得光彩照人

如一株出水芙蓉
在敌人的枪声里
在青山与青山之间
她的芳香回荡

在苍松与苍松的对话中
她的灵魂之歌传唱
一个平凡女人的伟大
她永远飞向东方的太阳

一缕书香

你有多久忘记了我
在静谧的初秋
第一片叶子泛黄后袭来的清香
是我的缅想

心灵在徐徐穿行
我用一生的时光撷来精华
在微明的晨光熹微中
同你氤氲陶醉

总是用自己的方式倾诉
这些年的漂泊
和摇曳着浓愁与思念的
悲欢离合

夜晚浸染着月光
我的泪水
弥漫成一缕书香
游移在斑驳的记忆中

静坐在温暖的空气中
聆听书的世界
我的生命里
便开始了最热闹的喧嚣与快乐

一片模模糊糊

没有
急速飞行的风
也没有
征兆里的寒冷
却
在晴空中
飞起了雪花

一瓣一瓣
掠过眼前
一片片
模糊
一片模模糊糊

一片入冬的树叶

——献给小悦悦

一场场秋雨，伴着一阵阵寒冷
小悦悦——
你像一片入冬的树叶
失去了秋天染上去的最后色彩

在阳光熠熠的地方
小悦悦——
你微弱的绝望的痛苦的哭声
敲击着灵魂最深处的爱

小悦悦——
都有谁能听到你的呼救：
妈妈，阿姨，叔叔，救我……
却只有一丝微弱的幸福之光闪过

小悦悦——
躺在苍白的病床上
她贪婪地听着人世间的祈福
一丁点儿也没有哭

小悦悦——
你还不知道，什么是绝望之火
会烧干心扉的极度悲怆
便在二〇一一年的秋天憔悴凋零

一片入冬的树叶
幻化成一只飞舞的蝴蝶
永远永生，永远永生
——小悦悦

有一种伤心

有一种伤心
当我们彼此深深热爱着的时候
却感觉是那么的无能为力

有一种伤心
曾经是那么热烈的繁华与喧哗
最终却被撕心裂肺地夺走

有一种伤心
那么甜蜜地纠缠着你的灵魂
却在毫无准备的状态下被一片片揉碎

有一种伤心
是一场无奈的告别与凄凉的纪念
只能用难以诉说的孤寂安慰不哭的影子

是谁，委屈了席立娜的心
让她伤心地痛不欲生
让她情不自禁地流泪

是爱，是一份对舞台灯光的爱恋
祈求亲爱的女神
保佑我的一切心愿能够实现
请为我祝福

再等一分钟

再等一分钟
再等一分钟
时间，请你重新再分配一次刻度
时间，请你拨回你的分针
时间，你可以再爱上等待吗
再等一分钟
再等一分钟
再等一分钟
让我们的中国男儿警察可以冲出来
让所有感知地震的人们逃出来
让所有离去的生命永恒

再一年的春暖花开

黑暗的夜空
扳手计算着岁月

春在悄无声张中
悄然离去
夏在炯炯燃烧中
消失在尘土
秋在满腔热情过后
退去最后的外衣

一个冬天
养育着青春的梦想
寒流中呻吟
冰雪中孕育

再痛再冷
也要苦苦等待
再一年的春暖花开

在春天的时候纵情歌唱

总是喜欢
在春天的时候纵情歌唱
像远方流来的溪水
肆意嚣张

喜欢春天里的绚烂
绒绒的小草
清新的空气
还有漫天飞舞的花絮

春天，是一个放纵的季节
随波飘扬的心绪
伴着乍暖还寒的热情
被柔柔的风温情地吹着

在静静的夜晚关闭自己的美丽

——送给余光中

站在彼此思念的地方
用一种纪念的仪式弹唱
那被风吹走了的
那拼凑起来的旧日时光

今夜你终于可以
静静地停泊和安眠了
而我的思念却在一寸寸生长
怨恨也挤到了墙角

这是你生命中最闪光的一刻
你任性地写下
这一路繁华翻滚的世界
最终把长情的乡愁沉入海底

有人在远方召唤着我们
它坚定且勇敢地招手
等我，等我们
呵，遥远，却也不太遥远

睡吧，这一次认真地睡吧
在静静的夜晚关闭自己的美丽
来填埋那浅湾湾的别离
并一寸一寸地走下去

再也不用悄悄地说了
这不可分割的日日月月
分分秒秒
还有这一往情深的心和身体

可是，怎么能够遗忘的了呢
我和你
曾经爱过的影子和记忆
——

在秋日的余晖里

以一块石头的坚强
在秋日的余晖里悠闲静坐
阳光伸出长长的舌头
舔舐着我滚烫且冰凉的额际

铭记住此刻阳光里的呼吸
把写满思念的自己
沐浴在清澈的阳光下
任时光失落地流淌

唇际，浅浅的思绪嗥叫
一大片一大片柔情的喧哗
让石头也开始炽热冥想
并把沸腾的梦想抹上金色

追梦

幸福是你给的
在我迷茫与失去方向时

快乐是你给的
在我感受风拂过指间微寒时

时光是你给的
在我静静走过每个四季时

在生命的路上旅行
有了你，便充盈美好了很多

你暖暖地陪伴着
让我虔诚地渴望你的温情

我想，深入骨髓地摇曳
紧抱最浓烈的一抹繁华风景

如果有一双手为我
我愿意突破心的禁锢，点燃生命

最灿烂的朝阳

在一个最新鲜的早晨
我悄悄地寻找最灿烂的朝阳
眼睛像一把燃烧的火焰
穿梭在茵茵的碧水绿柳间
双手幻化成两面迎风招展的彩旗
在满山遍野的山峰上呼喊
鼻子在缀满迎春花的嫩枝条里
闻到喜悦来临的气息

我看到了，从岩石缝里生出的
一丝清滢红艳的曙光
舞动着明亮的长裙在飘闪
它清澈而缓缓地流淌
来到冰雪尚未消融的青青山岗
虔诚地献上一束紫色的丁香
朦胧的云彩随着轻风荡漾
像一幅水彩画在我的心中瞬息开放

最帅的男人

这个五十年一遇的寒冬
在我的心中
最美最帅的男人
他绝对不是舞台上的歌星
他也绝对不是电视荧光屏里滔滔不绝的主持人
他更不是坐着宝马拥有着财富的大款
他有山一样的肩膀
他有海一样的宽胸
他还有一片烂漫的爱情
他如天上的星火般闪亮
燃烧得最透明

他们是最美最帅最可爱的男人
中国维和警察
愿你们在天之灵
一路顺风